Sophies Suppen

Im Gerstenberg Verlag bereits erschienen:

Entdecken Sie Sophies kulinarische Welt:
ihre Kochbücher, ihre Rezepte, ihre Tipps, ihre Kochkurse,
ihre Feinschmeckerprodukte und ihr behagliches Landhotel in der Normandie.

www.lamaisondesophie.com

Sophie Dudemaine
La Maison de Sophie
F-14950 Saint-Étienne-la-Thillaye
Tel. 0033-02 31 65 69 97

SOPHIE DUDEMAINE

Sophies Suppen

Fotos von
Philippe Asset

Food Styling von
Alice Asset-Guerrand

Aus dem Französischen von
Ingrid Ickler

 GERSTENBERG

Vorwort

Seit beinahe zehn Jahren schreibe ich Kochbücher. Im Laufe dieser langen Zeit hat sich zu Ihnen, liebe Leserinnen und Leser, eine intensive und beständige Beziehung entwickelt. Immer wieder machen Sie mir wertvolle Rezeptvorschläge, stellen interessante Fragen, ermuntern mich durch Ihre wohlwollende Kritik zum Weitermachen. Ein Thema stand häufig im Mittelpunkt: der Wunsch nach einem Buch über Suppen.

Ihr Wunsch war mir Befehl! Mit dem Ziel, Altbewährtes und Neues zu diesem Thema zu verbinden und dabei die Rezepte so einfach wie möglich zu gestalten, begann ich dieses Buch zu schreiben.

Die Arbeit daran hat mir sehr viel Freude gemacht. Vor allem wollte ich eines erreichen: meiner Tochter Suppen schmackhaft zu machen – und das ist mir gelungen! Auch meine Wochenendgäste dienten als Versuchskaninchen. Von ihnen habe ich mich zu der Rubrik »Und dazu…« inspirieren lassen, einem Extratipp, der jedem Rezept zusätzlichen Pfiff verleiht. Wenn Ihnen die Zeit für Experimente fehlt, können Sie natürlich auch beim Grundrezept bleiben.

Geben Sie den Rezepten Ihre persönliche Note! Verlängern Sie eine sämige Suppe mit etwas heißem Wasser oder fügen Sie frische Kräuter oder andere Gewürze hinzu. Meine Rezepte sind nur die Basis: Ihrer Kreativität sind keine Grenzen gesetzt.

Auch beim Anrichten ist Einfallsreichtum gefragt! Überraschen Sie Ihre Freunde doch einmal mit einer Suppe, die nicht in einer Schüssel oder einem Teller serviert wird, sondern probieren Sie es mit Marmeladengläsern, Joghurtbechern, Flaschen, Blumenübertöpfen…

Und jetzt ran an den Herd!

INHALT

Sophies Ratschläge

BRÜHE

- Brühe ist in jedem Supermarkt in verschiedenen Geschmacksrichtungen erhältlich: Gemüse, Rind, Huhn oder Fisch. Man kann sie in Würfelform oder als Pulver kaufen.
- Brühe verleiht Ihren Gerichten – Suppen, Reis, Nudeln, Saucen, Gemüse... – mehr Geschmack und ist daher ein Muss in jedem Vorratsschrank!
- Brühe und Wasser sind unverzichtbare Zutaten für eine gute Suppe, aber notfalls geht's auch mal ohne Brühe.
- Um Zeit für andere Arbeitsschritte zu gewinnen, gebe ich die Brühwürfel direkt ins kalte Wasser. Natürlich können Sie sie auch vorher in kochendem Wasser auflösen.
- Da Brühe bereits Salz enthält, salze ich meine Suppen nur sparsam.
- Meine Devise: Das Abschmecken nicht vergessen!

OBST UND GEMÜSE

- Es spricht nichts dagegen, tiefgefrorenes Obst und Gemüse zu verwenden. Damit sparen Sie sich das lästige Putzen und Schälen.
- Auch Kräuter, Zwiebeln und Knoblauch gibt es aus der Tiefkühltruhe. Sie können bedenkenlos verwendet werden.
- Wenn Sie die Zutaten im Mixer pürieren, z. B. bei einer Cremesuppe, spielt es keine Rolle, ob Sie das Gemüse zuvor zerkleinern oder nicht.
- Bei einer nicht pürierten Suppe sind Ihrer Fantasie keine Grenzen gesetzt: Schneiden Sie das Gemüse und das Obst in Würfel, Stifte oder Scheiben oder raspeln Sie es mit der Reibe.

FETT

- Um den Geschmack des Gemüses zu verstärken, brate ich es vor dem Kochen in Butter oder Öl an – aber das ist kein Muss.
- Selbstverständlich können Sie auch ganz auf Fett verzichten.

MILCHPRODUKTE

- Meine Tochter ist ein echter Suppenfan geworden, seitdem ich vor dem Pürieren 1 EL Crème fraîche, Ricotta, Mascarpone, Mandelmus (Naturkostladen) oder etwas Schmelzkäse in den Mixer gebe. Dadurch werden die Suppen cremiger und der Gemüsegeschmack ist nicht so intensiv.
- Verfeinern Sie Ihre Suppen auch mit Sahne, Milch oder Sojamilch.

AUFBEWAHRUNG

- Alle Suppen lassen sich problemlos einfrieren. Verwenden Sie dazu luftdicht verschließbare Plastikbehälter.
- Auch Plastikflaschen oder Gefrierbeutel benutze ich gerne, das spart Platz im Gefrierschrank.
- Für Babies können Sie die Suppe im Eiswürfelbehälter einfrieren, um das Portionieren zu erleichtern.
- Im Kühlschrank können Sie Suppen ohne Milchbestandteile bis zu 1 Woche und Suppen mit Milchbestandteilen etwa 3 Tage aufbewahren.
- Vor dem Servieren erhitze ich die Suppen in der Mikrowelle oder im Topf auf dem Herd.

DIE KÜCHENGERÄTE

Mixer
- Damit die Suppe cremig wird, püriere ich die Zutaten im Mixer.
- Der Stabmixer ist zum Pürieren nicht ideal, da zu viele Stückchen in der Suppe verbleiben.
- Wegen der begrenzten Kapazität des Mixeraufsatzes empfiehlt es sich, die Suppe portionsweise zu pürieren.
- Vergewissern Sie sich jedes Mal, dass der Deckel des Mixers gut schließt. Ansonsten sind Spritzer vorprogrammiert!

Gemüseschneider
Einer meiner Favoriten in der Küche!
- Ein Gemüseschneider ist das ideale Werkzeug, um Obst und Gemüse zu würfeln.
- Schneiden Sie das Obst und Gemüse am besten in Scheiben, bevor Sie es mit dem Gemüseschneider weiter zerkleinern.
- Vorsicht bei Karotten und Tomaten: Karotten in sehr feine Scheiben schneiden und nicht zu reife Tomaten verwenden! Für Tomaten ggf. einen Tomatenschneider verwenden.

Spargelschäler
- Für alle länglichen Gemüse wie Karotten, Gurken oder Zucchini verwende ich anstelle eines Sparschälers den wesentlich praktischeren Spargelschäler.

Julienne-Schäler
- Wird nur wenig Gemüse benötigt, ist der Julienne-Schäler zum Raspeln geradezu ideal.
- Mit diesem Schäler lässt sich Gemüse jeder Art perfekt in hauchfeine Scheiben schneiden.

Trichter
- Ein Trichter ist eine wertvolle Hilfe, um Suppen ohne Kleckern in Gläser, Schüsselchen oder Becher zu portionieren. Allerdings funktioniert das nur bei klaren oder pürierten Suppen.
- Ersatzweise eignet sich ein Gefäß mit Tülle.
- Ein Trichter ist ein schönes Geschenk für den ambitionierten Hobbykoch!

Mikrowellengeschirr
- Seitdem ich dieses Geschirr entdeckt habe, ist das Aufwärmen von Suppen in der Mikrowelle ein Kinderspiel. Auch um Schokolade zu schmelzen oder Speisen zu garen, gibt es nichts Besseres.
- Ein weiteres Plus: Nie wieder heiße Teller oder allzu lange Aufwärmzeiten.
Für mich ein Muss!

SOPHIES TIPP: *Meine Suppen schmecken sowohl warm als auch kalt. Das Piktogramm neben jedem Rezept erleichtert Ihnen die Entscheidung!*

WARME SUPPE

KALTE SUPPE

HERBST

Avocado-Gurken-Gazpacho

FÜR 6 PORTIONEN

1 Avocado
½ Salatgurke
1 Birne
10 Minzeblätter
20 g gehackte ungesalzene Pistazien

150 ml Sonnenblumenöl
5 EL Himbeer- oder Weißweinessig
250 ml eiskaltes Wasser
Salz
Pfeffer aus der Mühle

- Die Avocado, die Gurke und die Birne schälen, mit der Minze, den Pistazien, dem Öl, dem Essig, dem Salz und dem Pfeffer in den Mixer geben und 30 Sek. pürieren.
- Das Püree mind. 2 Std. in den Kühlschrank stellen.
- Das Wasser unmittelbar vor dem Servieren zum Püree geben und die Suppe 30 Sek. pürieren.
- Den Avocado-Gurken-Gazpacho abschmecken und servieren.

SOPHIES TIPP

Sie können den Gazpacho auch als Dressing für gemischten Salat verwenden. Lassen Sie in diesem Fall das Wasser weg.

UND DAZU...

Servieren Sie gefüllte Schinkenröllchen zum Gazpacho: Dazu ½ Wassermelone würfeln, mit 100 g gewürfeltem Feta* vermischen und mit Pfeffer würzen. Die Melonen-Feta*-Mischung auf 6 dünnen Scheiben Serrano-Schinken verteilen. Die Schinkenscheiben zusammenrollen und mit je 1 Zahnstocher oder 1 Stängel Schnittlauch fixieren.

Knoblauchsuppe

1 Zwiebel
8 Knoblauchknollen
2 festkochende Kartoffeln
1 EL Olivenöl
100 g geräucherte Entenbrust in Scheiben

1 $^1/_4$ l Wasser
2 Würfel Hühnerbrühe
Salz
Pfeffer aus der Mühle

- Die Zwiebel und den Knoblauch schälen und in dünne Scheiben schneiden.
- Die Kartoffeln schälen und würfeln.
- Das Öl in einem Topf erhitzen und die Entenbrust, die Zwiebel, den Knoblauch und die Kartoffeln darin bei mittlerer Hitze etwa 5 Min. braten.
- Die Mischung leicht mit Salz und Pfeffer würzen. Das Wasser und die Brühwürfel dazugeben.
- Die Suppe aufkochen, umrühren und bei geringer Hitze etwa 30 Min. köcheln lassen.
- Die Knoblauchsuppe im Mixer 30 Sek. pürieren, dann durch ein feines Sieb streichen, abschmecken und servieren.

SOPHIES TIPPS
Ersetzen Sie den herkömmlichen Knoblauch durch rosa Knoblauch*, den Sie mit etwas Glück in gut sortierten Obst- und Gemüsegeschäften finden. Verwechseln Sie eine Knoblauchknolle nicht mit einer Knoblauchzehe: 1 Knolle besteht aus etwa 10 Zehen.

UND DAZU…
Reichern Sie die Knoblauchsuppe mit 1 rohen Eigelb an und garnieren Sie sie mit gehackter Petersilie.

Champignoncremesuppe

FÜR 6 PORTIONEN

1 Zwiebel
500 g Champignons
20 g Butter
1 l Wasser

2 Würfel Hühnerbrühe
250 g Sahne
Salz, Pfeffer aus der Mühle

· Die Zwiebel schälen und fein hacken.
· Die Pilze kurz waschen und in Scheiben schneiden.
· Die Butter in einem Topf zerlassen. Die Zwiebel und die Champignons darin bei mittlerer Hitze etwa 5 Min. braten.
· Die Mischung leicht mit Salz und Pfeffer würzen. Das Wasser, die Brühwürfel und die Sahne dazugeben.
· Die Suppe aufkochen, umrühren und bei geringer Hitze etwa 20 Min. köcheln lassen.
· Die Champignoncremesuppe im Mixer 30 Sek. pürieren, dann abschmecken und servieren.

SOPHIES TIPP
Ersetzen Sie die Champignons zur Hälfte durch Esskastanien aus der Dose.

UND DAZU…
Verfeinern Sie die Suppe mit Foie gras*: Dazu in einer beschichteten Pfanne 6 Scheiben Foie gras* (2 cm dick) bei starker Hitze von jeder Seite etwa 1 Min. braten. Die Stopfleberscheiben auf Küchenpapier abtropfen lassen und auf die Suppe geben. Die Champignoncremesuppe mit geröstetem Honigkuchen servieren.

Karamellisierte Zwiebelcremesuppe

FÜR 6 PORTIONEN

6 Zwiebeln
50 g Butter
20 g Rohrohrzucker
2 EL Balsamico-Essig
1 l Wasser

2 Würfel Hühnerbrühe
1 EL Cognac
250 g Sahne
Salz, Pfeffer aus der Mühle

- Die Zwiebeln schälen und fein hacken.
- Die Butter in einem Topf zerlassen und die Zwiebeln darin bei mittlerer Hitze etwa 5 Min. andünsten.
- Den Zucker und den Essig dazugeben und das Ganze bei geringer Hitze etwa 20 Min. karamellisieren lassen (je mehr die Zwiebeln karamellisiert sind, desto sämiger wird die Suppe).
- Die Mischung leicht mit Salz und Pfeffer würzen. Das Wasser, die Brühwürfel, den Cognac und die Sahne hinzufügen.
- Die Suppe aufkochen, umrühren und bei geringer Hitze etwa 20 Min. köcheln lassen.
- Die Zwiebelcremesuppe im Mixer 30 Sek. pürieren, dann abschmecken und servieren.

SOPHIES TIPP
Sie können statt der Zwiebeln auch 600 g Schalotten verwenden.

UND DAZU...
Verfeinern Sie die Suppe mit geriebenem Mimolette* und Croûtons aus Knoblauchbrot.

Spinat-Kresse-Cremesuppe

FÜR 6 PORTIONEN

400 g Spinat
2 Bd. Kresse
100 g Butter
1 l Wasser

2 Würfel Hühnerbrühe
250 g Sahne
Salz
Pfeffer aus der Mühle

- Die mittlere Rippe der Spinatblätter entfernen. Den Spinat waschen, trockenschleudern und kleinschneiden.
- Die Kresse waschen und abtropfen lassen.
- Die Butter in einem Topf zerlassen. Den Spinat und die Kresse darin bei mittlerer Hitze etwa 5 Min. zusammenfallen lassen.
- Die Mischung leicht mit Salz und Pfeffer würzen. Das Wasser, die Brühwürfel und die Sahne hinzufügen.
- Die Suppe aufkochen, umrühren und bei geringer Hitze etwa 20 Min. köcheln lassen.
- Die Spinat-Kresse-Suppe im Mixer 30 Sek. pürieren, dann abschmecken und servieren.

SOPHIES TIPP
Wussten Sie, dass man Spinat auch roh als Salat genießen kann? Auch für die Salatgarnitur auf Ihrem Sandwich können Sie Spinat verwenden.

UND DAZU…
Verfeinern Sie die Suppe mit Ziegenkäsebällchen: Dazu in einer Schüssel 100 g Ziegenfrischkäse mit 30 g gehackten Walnüssen und 30 g Rosinen vermischen und daraus mit zwei Teelöffeln Bällchen formen. Die Suppe mit den Käsebällchen servieren.

Chicoréecremesuppe mit Apfel

FÜR 6 PORTIONEN

1 Zwiebel
1 kleiner Apfel
400 g Chicorée
20 g Butter
50 g gehackte Mandeln
1 EL feiner Kristallzucker

Saft von 1 Zitrone
1 l Wasser
2 Würfel Hühnerbrühe
250 g Sahne
Salz
Pfeffer aus der Mühle

- Die Zwiebel und den Apfel schälen und fein würfeln.
- Den Chicorée von seinem Strunk befreien und klein-schneiden.
- Die Butter in einem Topf zerlassen. Die Mandeln, den Zucker, den Zitronensaft, die Zwiebel, den Apfel und den Chicorée darin bei mittlerer Hitze etwa 5 Min. braten.
- Die Mischung leicht mit Salz und Pfeffer würzen. Das Wasser, die Brühwürfel und die Sahne dazugeben.
- Die Suppe aufkochen, umrühren und bei geringer Hitze etwa 20 Min. köcheln lassen.
- Die Chicoréecremesuppe im Mixer 30 Sek. pürieren, dann abschmecken und servieren.

SOPHIES TIPPS
Sie können statt des Apfels auch 1 Birne verwenden und die Mandeln durch Nüsse ersetzen. Mit Roquefortkäse können Sie der Suppe eine besondere Note verleihen.

UND DAZU...
Servieren Sie Andouille*-Spieße zur Suppe: Dazu in einem Topf 1 EL Olivenöl erwärmen und darin 6 Jakobsmuscheln bei starker Hitze von jeder Seite etwa 1 Min. braten. Den Vorgang mit 12 Scheiben Andouille* wiederholen. Je 1 Jakobsmuschel und 2 Andouille*-Scheiben auf 1 Holzspießchen stecken und zur Suppe reichen.

Steinpilzbouillon

2 Schalotten
500 g Steinpilze
20 g Butter
2 EL gehackte Petersilie
1 EL Speisestärke
1 l Wasser

2 Würfel Hühnerbrühe
250 ml trockener Weißwein
Salz, Pfeffer aus der Mühle

- Die Schalotten schälen und fein hacken.
- Die Pilze mit einem feuchten Küchentuch sorgfältig reinigen und die Stiele entfernen. Die Steinpilze in dünne Scheiben schneiden.
- Die Butter in einem Topf zerlassen und die Pilze darin bei starker Hitze etwa 5 Min. braten.
- Die Petersilie, die Speisestärke und die Schalotten hinzufügen und bei mittlerer Hitze unter ständigem Rühren weitere 5 Min. braten.
- Die Mischung leicht mit Salz und Pfeffer würzen. Das Wasser, die Brühwürfel und den Wein dazugeben.
- Die Suppe aufkochen, umrühren und bei geringer Hitze etwa 20 Min. köcheln lassen.
- Die Steinpilzbouillon abschmecken und servieren.

SOPHIES TIPP

Achten Sie beim Braten der Steinpilze darauf, dass der Topf sehr heiß ist, und rühren Sie erst dann, wenn die Pilze gut gebräunt sind, damit sie kein Wasser ziehen.

UND DAZU…

Verfeinern Sie die Suppe mit Specksahne: Dazu 200 g Sahne in einem Topf mit 100 g gewürfeltem Räucherspeck erwärmen und bei geringer Hitze etwa 20 Min. einkochen. Die Mischung abkühlen lassen und in den Kühlschrank stellen. Die Sahne durch ein feines Sieb streichen, dabei die Speck-würfel gut auspressen. Die Specksahne im Mixer steifschlagen und 1 EL davon auf jeden Teller Suppe geben. Die Sahne am besten am Vortag zubereiten, damit sie gut gekühlt ist.

Nusscremesuppe

FÜR 6 PORTIONEN

200 g gewürfelter Räucherspeck
300 g Walnusshälften
750 ml Wasser
2 Würfel Hühnerbrühe
500 g Sahne
Salz, Pfeffer aus der Mühle

· Den Speck und die Nüsse in einem beschichteten Topf bei mittlerer Hitze etwa 5 Min. braten.
· Die Mischung leicht mit Salz und Pfeffer würzen. Das Wasser, die Brühwürfel und die Sahne dazugeben.
· Die Suppe aufkochen, umrühren und bei geringer Hitze etwa 20 Min. köcheln lassen.
· Die Nusscremesuppe im Mixer 30 Sek. pürieren, dann durch ein feines Sieb streichen, abschmecken und servieren.

SOPHIES TIPP
Anstelle von Walnüssen können Sie auch Mandeln, Haselnüsse oder Pekannüsse verwenden.

UND DAZU...
Der ideale Begleiter zu dieser Suppe ist Käse: Richten Sie eine große Platte mit verschiedenen Käsesorten (Roquefort, Ziegenkäse, Camembert...), Brötchen und Früchten (Trauben, Feigen...) an, füllen Sie die Suppe in kleine Gläser und stellen Sie diese ebenfalls auf die Platte.

Kürbiscremesuppe mit Speck

FÜR 6 PORTIONEN

1 Zwiebel
1 Porreestange
500 g Kürbisfruchtfleisch
1 EL Olivenöl
100 g gewürfelter Räucherspeck

1 l Wasser
2 Würfel Hühnerbrühe
250 g Sahne
Salz
Pfeffer aus der Mühle

- Die Zwiebel und den Porree schälen und kleinschneiden.
- Das Kürbisfruchtfleisch würfeln.
- Das Öl in einem Topf erhitzen und den Speck, die Zwiebel, den Porree und das Kürbisfruchtfleisch darin bei mittlerer Hitze etwa 5 Min. braten.
- Die Mischung leicht mit Salz und Pfeffer würzen. Das Wasser, die Brühwürfel und die Sahne hinzufügen.
- Die Suppe aufkochen, umrühren und bei geringer Hitze etwa 25 Min. köcheln lassen.
- Die Kürbiscremesuppe im Mixer 30 Sek. pürieren, dann abschmecken und servieren.

SOPHIES TIPP
Anstelle von Speck können Sie auch Pilze verwenden.

UND DAZU...
Zu dieser Suppe passt Pilzbruschetta mit Maroilles: Dazu etwas Öl in einer beschichteten Pfanne erhitzen und darin 250 g kleingeschnittene Pilze braun dünsten. Die Pilze auf geröstete Weißbrotscheiben verteilen, mit je 1 Scheibe Maroilles* belegen und unter dem heißen Backofengrill 2 Min. schmelzen.*

Bohnencremesuppe mit Schinken

FÜR 6 PORTIONEN

100 g Bayonne*-, Serrano- oder
Parmaschinken
2 Dosen Flageoletbohnen* à 850 ml
2 Würfel Hühnerbrühe

1 l Wasser
250 g Sahne
Salz, Pfeffer aus der Mühle

- Alle Zutaten in einen Topf geben und leicht mit Salz und Pfeffer würzen.
- Die Suppe aufkochen, umrühren und bei geringer Hitze etwa 10 Min. köcheln lassen.
- Die Bohnencremesuppe im Mixer 30 Sek. pürieren, dann abschmecken und servieren.

SOPHIES TIPP
Sie können die Flageoletbohnen durch Erbsen ersetzen.*

UND DAZU...
Zu dieser Suppe passt Blutwurst: Dazu etwas Olivenöl in einer Pfanne erhitzen und darin 12 Blut-wurstscheiben leicht anbraten. In einer Schüssel 1 gewürfelten kleinen Apfel und ½ gewürfelte Salat-gurke mit dem Saft von 1 Zitrone und etwas Curry vermischen. Die Mischung mit Salz und Pfeffer würzen, auf die Blutwurstscheiben geben und zu der Suppe servieren.

Gemüsesuppe mit Chorizo*

FÜR 6 PORTIONEN

1 mittelgroße Zwiebel
150 g Kartoffeln
100 g Chorizo*
150 g Spinat
100 g Champignons

1 EL Olivenöl
750 ml Wasser
2 Würfel Gemüsebrühe
500 ml Milch
Salz, Pfeffer aus der Mühle

- Die Zwiebel schälen und fein hacken. Die Kartoffeln schälen und würfeln. Die Wurst fein würfeln.
- Die mittlere Rippe der Spinatblätter entfernen. Den Spinat waschen, trockenschleudern und kleinschneiden.
- Die Champignons kurz unter kaltem Wasser waschen und kleinschneiden.
- Das Öl in einem Topf erhitzen. Die Zwiebel, die Kartoffeln, die Wurst, den Spinat und die Champignons darin bei mittlerer Hitze etwa 5 Min. braten.
- Die Mischung leicht mit Salz und Pfeffer würzen. Das Wasser, die Brühwürfel und die Milch dazugeben.
- Die Suppe aufkochen, umrühren und bei geringer Hitze etwa 20 Min. köcheln lassen.
- Die Gemüsesuppe abschmecken und servieren.

SOPHIES TIPP
Ich schäle die Champignons nicht, da in der Haut die meisten Geschmacksstoffe enthalten sind.

UND DAZU...
Zu dieser Suppe passen verlorene Eier: Dazu das Gemüse mit einem Schöpflöffel aus der Suppe nehmen. Dann 2 Eier in zwei Tassen schlagen und zügig, aber vorsichtig in die Suppe gleiten lassen (Eigelb und Eiweiß müssen gleichzeitig in der Suppe landen!). Die Suppe 3 Min. kochen lassen, dabei mit einer Schöpfkelle das Eiweiß um den Dotter hüllen. Die Eier aus der Suppe nehmen, auf Küchenpapier abtropfen lassen und die Ränder mit einer Schere sauber abschneiden. Den Vorgang noch zweimal wiederholen. Das Gemüse in den Topf zurückgeben und die Suppe servieren.

Raviolisuppe

FÜR 6 PORTIONEN

1 EL Olivenöl
450 g tiefgefrorenes gewürfeltes Gemüse
(Kartotten, Zucchini, Knollensellerie…)
3 EL gehackte Kräuter
1 l Wasser

2 Würfel Gemüsebrühe
200 g eiskalte Sahne
500 g Ravioles du Royans*
Salz
Pfeffer aus der Mühle

- Das Öl in einem Topf erhitzen. Das noch gefrorene Gemüse darin bei mittlerer Hitze etwa 15 Min. braten. Die Kräuter mit Ausnahme eines Rests zum Garnieren hinzufügen.
- Das Gemüse leicht mit Salz und Pfeffer würzen. Das Wasser und die Brühwürfel dazugeben.
- Die Suppe aufkochen und umrühren. Die Ravioli hineingeben und bei geringer Hitze etwa 5 Min. köcheln lassen.
- In der Zwischenzeit die Sahne steifschlagen.
- Die Raviolisuppe abschmecken, auf 6 Suppenteller verteilen, mit je 1 EL Schlagsahne und den restlichen gehackten Kräutern garnieren und servieren.

SOPHIES TIPPS
Statt Ravioles du Royans* können Sie auch Ravioli mit Käse-Kräuter-Füllung oder andere gefüllte Nudeln Ihrer Wahl und anstelle des tiefgefrorenen Gemüses frisches Gemüse verwenden.

UND DAZU…
Servieren Sie die Suppe mit Knusperkäse: Dazu 6 Scheiben Raclettekäse auf ein mit Backpapier oder mit einer Silikonbackmatte ausgelegtes Backblech legen und im vorgeheizten Backofen bei 170 °C (Umluft 150 °C) etwa 30 Min. backen, bis der Käse knusprig ist.

Hühnersuppe mit Avocado

FÜR 6 PORTIONEN

2 Schalotten
2 Avocados
Saft von 1 Zitrone
300 g Hähnchenbrustfilet
1 EL Olivenöl
1 l Wasser

2 Würfel Hühnerbrühe
1 TL Curry
250 g Sahne
Salz
Pfeffer aus der Mühle

· Die Schalotten schälen und fein hacken.
· Die Avocados schälen, würfeln und mit dem Zitronensaft
  beträufeln.
· Das Hühnerfleisch kleinschneiden.
· Das Öl in einem Topf erhitzen. Die Schalotten und das
  Hähnchen darin bei starker Hitze etwa 5 Min. braten.
· Die Mischung leicht mit Salz und Pfeffer würzen. Das
  Wasser, die Brühwürfel, den Curry, die Sahne und die
  Avocados hinzufügen.
· Die Suppe aufkochen, umrühren und bei geringer Hitze
  etwa 15 Min. köcheln lassen.
· Die Hühnersuppe abschmecken und servieren.

SOPHIES TIPPS
Sie können den Curry auch durch Viergewürzpulver und das Hühnerfleisch durch Garnelen
ersetzen.*

UND DAZU...
Servieren Sie die Suppe mit Mais-Chips und je 1 TL Guacamole (mexikanische Avocadocreme).

Karottensuppe mit Datteln

1 mittelgroße Zwiebel
500 g Karotten
50 g entsteinte Datteln
1 EL Olivenöl
1 EL Honig

1 TL Kreuzkümmel
1 ½ l Wasser
2 Würfel Hühnerbrühe
Salz
Pfeffer aus der Mühle

- Die Zwiebel schälen und fein hacken.
- Die Karotten schälen und würfeln.
- Die Datteln kleinschneiden.
- Das Öl in einem Topf erhitzen und den Honig, den Kreuzkümmel, die Zwiebel, die Karotten sowie die Datteln darin bei mittlerer Hitze etwa 5 Min. braten.
- Die Mischung leicht mit Salz und Pfeffer würzen. Das Wasser und die Brühwürfel dazugeben.
- Die Suppe aufkochen, umrühren und bei geringer Hitze etwa 25 Min. köcheln lassen.
- Die Karottensuppe im Mixer 30 Sek. pürieren, dann abschmecken und servieren.

SOPHIES TIPP
Sie können statt Honig auch Ahornsirup verwenden.

UND DAZU...
Kombinieren Sie die Suppe mit Thunfisch-Samosas (frittierte Teigtaschen): Dazu 1 EL Öl in einer Pfanne erhitzen und darin 1 gehackte Zwiebel und 1 gehackte Knoblauchzehe braun dünsten. Dann 125 g Thunfisch (ohne Öl) und 1 gewürfelte Tomate hinzufügen und mit Salz und Pfeffer würzen. Die Mischung bei mittlerer Hitze 3 Min. braten. Aus Brickteig* 6 gleich große Streifen zuschneiden. Auf das Ende jedes Streifens 1 TL Füllung geben und den Teig zu einem Dreieck falten. Die Samosas mit etwas Öl in der Pfanne oder aber im Backofen bei 190 °C (Umluft 170 °C) etwa 15 Min. goldbraun braten.

Bohnen-Kokos-Cremesuppe

FÜR 6 PORTIONEN

2 Schalotten
2 Knoblauchzehen
1 EL Olivenöl
750 ml Wasser
500 g Coco-Bohnen* oder andere
weiße Bohnen aus der Dose

500 ml Kokosmilch
1 TL Curry
2 Würfel Gemüsebrühe
Salz, Pfeffer aus der Mühle

- Die Schalotten und den Knoblauch schälen und fein hacken.
- Das Öl in einem Topf erhitzen. Die Schalotten und den Knoblauch darin bei mittlerer Hitze etwa 5 Min. braten.
- Das Wasser, die Bohnen, die Kokosmilch, den Curry und die Brühwürfel hinzufügen.
- Die Mischung leicht mit Salz und Pfeffer würzen.
- Die Suppe aufkochen, umrühren und bei geringer Hitze etwa 20 Min. köcheln lassen.
- Die Bohnen-Kokos-Cremesuppe im Mixer 30 Sek. pürieren, dann abschmecken und servieren.

SOPHIES TIPP
Sie können die weißen Bohnen auch durch rote Linsen ersetzen.

UND DAZU...
Reichen Sie Krebsröllchen zur Suppe: Dazu in einer Schüssel 100 g kleingeschnittenen Weißfisch mit 100 g Krebsfleisch vermischen. Die Mischung mit 2 EL gehackten Kräutern, 1 Ei und 2 EL Crème fraîche verrühren und mit Salz und Pfeffer würzen. Dann 3 Blätter Brickteig* halbieren und auf beiden Seiten mit Eiweiß bestreichen. Etwas Füllung auf den Rand einer Teighälfte geben und den Teig aufrollen. Den Vorgang mit den anderen fünf Teighälften wiederholen und die fertigen Röllchen in den Kühlschrank stellen. Die Krebsröllchen vor dem Servieren auf ein mit Backpapier oder mit einer Silikonbackmatte ausgelegtes Backblech geben und im vorgeheizten Backofen bei 200 °C (Umluft 180 °C) etwa 10 Min. backen.

Kastaniencremesuppe

FÜR 6 PORTIONEN

3 Schalotten
1 Hähnchen-, Perlhuhn- oder
Fasanenbrustfilet
1 EL Olivenöl
20 g Butter
300 g gegarte Esskastanien

2 EL Cognac
1 l Wasser
2 Würfel Hühnerbrühe
250 g Sahne
Salz, Pfeffer aus der Mühle

- Die Schalotten schälen und fein hacken.
- Das Hühnerfleisch kleinschneiden.
- Das Öl und die Butter in einem Topf erhitzen und das Hühnerfleisch darin bei starker Hitze etwa 5 Min. braten.
- Die Kastanien und die Schalotten dazugeben und bei mittlerer Hitze 5 Min. braten.
- Die Mischung leicht mit Salz und Pfeffer würzen und mit dem Cognac ablöschen, dabei den Bratensatz vom Topfboden lösen.
- Das Wasser, die Brühwürfel und die Sahne dazugeben.
- Die Suppe aufkochen, umrühren und bei geringer Hitze etwa 20 Min. köcheln lassen.
- Die Kastaniencremesuppe im Mixer 30 Sek. pürieren, dann durch ein feines Sieb streichen, abschmecken und servieren.

SOPHIES TIPP
Sie können die Suppe auch mit frischen Esskastanien zubereiten. Die Kastanien in diesem Fall etwa 1 Min. in kochendes Wasser geben und dann schälen.

UND DAZU…
Servieren Sie zu dieser Suppe Spießchen aus 1 Feigenviertel und 2 Scheiben geräucherter Enten- oder Putenbrust.

Kartoffel-Lachs-Suppe

FÜR 6 PORTIONEN

2 Zwiebeln
6 festkochende Kartoffeln
4 Lachssteaks à 120 g
2 EL Olivenöl
1 EL gemahlener Paprika edelsüß
500 ml Wasser

500 ml Kokosmilch
250 ml Weißwein
2 Würfel Gemüsebrühe
10 Stängel Schnittlauch, geschnitten
Salz
Pfeffer aus der Mühle

- Die Zwiebeln schälen und fein hacken.
- Die Kartoffeln schälen und würfeln.
- Den Lachs entgräten und die Haut entfernen.
- Das Öl in einem Topf erhitzen. Den Paprika und die Zwiebeln darin bei mittlerer Hitze etwa 15 Min. karamellisieren lassen.
- Das Wasser, die Kokosmilch, den Wein, die Brühwürfel und die Kartoffeln hinzufügen.
- Die Mischung leicht mit Salz und Pfeffer würzen.
- Die Suppe aufkochen, umrühren und bei geringer Hitze etwa 20 Min. köcheln lassen.
- Den Lachs dazugeben und das Ganze weitere 6 Min. köcheln lassen.
- Die Kartoffel-Lachs-Suppe abschmecken, mit Schnittlauchröllchen garnieren und servieren.

SOPHIES TIPP
Anstelle von Lachs können Sie auch Kabeljau oder Forelle verwenden.

UND DAZU...
Verfeinern Sie die Suppe mit Lachs- oder Forellen-Kaviar, Deutschem Kaviar, Räucherlachs- oder Räucherforellenscheiben.

Traubenkaltschale

500 g helle Weintrauben
(z. B. Muskat oder Gutedel)
500 ml Muskateller
(z. B. Muscat de Beaumes de Venise)

150 g feiner Kristallzucker
1 Vanilleschote, aufgeschlitzt

· Die Trauben halbieren und entkernen.
· Den Wein, den Zucker, die Vanilleschote und die Trauben in einem Topf aufkochen und bei geringer Hitze etwa 3 Min. köcheln lassen.
· Die Traubenkaltschale abkühlen lassen und in den Kühlschrank stellen.

SOPHIES TIPP
Die Traubenkerne lassen sich gut mit einer Büroklammer entfernen.

UND DAZU...
Ein idealer Begleiter zur Traubenkaltschale ist Shortbread (schottische Mürbeteigkekse): Dazu in einer Schüssel 100 g Butter, 50 g feinen Streuzucker und 150 g Mehl vermischen. Den Teig zu einer Rolle formen, in Frischhaltefolie einschlagen und etwa 1 Std. in den Kühlschrank geben. Die Teigrolle in etwa 1 cm dicke Scheiben schneiden, auf ein mit Backpapier oder mit einer Silikonbackmatte ausgelegtes Backblech geben und mit einer Gabel leicht einstechen. Die Kekse im vorgeheizten Backofen bei 180 °C (Umluft 160 °C) etwa 10 Min. goldbraun backen. Das Shortbread aus dem Ofen nehmen, mit Puderzucker bestäuben und auf einem Kuchengitter auskühlen lassen.

Zwetschgensuppe

FÜR 6 PORTIONEN

500 g Zwetschgen
50 g leicht gesalzene oder Süßrahmbutter
150 g feiner Kristallzucker
1 Sternanis
1 TL Zimt
300 ml Pinot Noir
10 Minze- oder Basilikumblätter

- Die Zwetschgen halbieren und die Steinkerne entfernen.
- Die Butter in einer Pfanne zerlassen. Die Zwetschgen darin mit dem Zucker bei mittlerer Hitze etwa 5 Min. braten.
- Die Gewürze und den Wein dazugeben.
- Die Mischung umrühren und etwa 5 Min. köcheln lassen.
- Die Zwetschgensuppe mit der kleingeschnittenen Minze bestreuen und servieren.

SOPHIES TIPP

Anstelle der Zwetschgen können Sie auch Feigen verwenden. Pinot Noir ist die im Elsass am häufigsten angebaute Rebsorte. Während sie früher meist zu Roséweinen verarbeitet wurde, erlebt die Traube heute eine Renaissance als Rotwein. Mittlerweile hat sich der Pinot Noir zu einer echten Konkurrenz der Rotweine aus den anderen französischen Anbaugebieten entwickelt.

UND DAZU...

Servieren Sie diese Suppe mit je 1 Kugel Vanilleeis.

Tomatencremesuppe mit Äpfeln

FÜR 6 PORTIONEN

2 Äpfel (z. B. Royal Gala, Reinette oder Boskop)
2 Zwiebeln
1 Dose geschälte Tomaten à 850 ml
20 g Butter
1 l Wasser
2 Würfel Hühnerbrühe
250 ml Kokosmilch
1 EL Curry
Salz, Pfeffer aus der Mühle

- Die Äpfel und die Zwiebeln schälen und kleinschneiden.
- Die Tomaten abtropfen lassen.
- Die Butter in einem Topf zerlassen. Die Äpfel und die Zwiebeln darin bei mittlerer Hitze etwa 5 Min. braten.
- Das Wasser, die Brühwürfel, die Kokosmilch, den Curry und die Tomaten hinzufügen.
- Die Suppe aufkochen, umrühren und bei geringer Hitze etwa 20 Min. köcheln lassen.
- Die Tomatencremesuppe im Mixer 30 Sek. pürieren, dann abschmecken und servieren.

SOPHIES TIPP
Ersetzen Sie die Tomaten durch 400 g Zucchini.

UND DAZU...
Servieren Sie die Suppe mit Hühnerfleischspießen: Dazu 2 EL Sonnenblumenöl in einer Pfanne erhitzen und darin 1 in Scheiben geschnittenes Hähnchenbrustfilet bei starker Hitze 3 Min. braten. Das Fleisch mit 2 EL Sojasauce beträufeln, leicht mit Salz und Pfeffer würzen und umrühren. Die Filetscheiben auf Spieße stecken und zu der Suppe servieren.

WINTER

Skifahrersuppe

FÜR 6 PORTIONEN

1 Knoblauchzehe
50 g Butter
50 g Mehl
250 ml Weißwein
1 l Wasser
2 Würfel Hühnerbrühe
1 Prise geriebene Muskatnuss
200 g Beaufort-Käse*

50 g Crème fraîche
2 Eigelb
Salz
Pfeffer aus der Mühle

· Den Knoblauch schälen und fein hacken.
· Die Butter in einem Topf zerlassen. Das Mehl unter ständigem Rühren bei geringer Hitze hinzufügen, bis eine sämige Masse entsteht.
· Den Wein und das Wasser nach und nach dazugeben.
· Die Brühwürfel, den Muskat und den Knoblauch hinzufügen.
· Die Mischung leicht mit Salz und Pfeffer würzen.
· Den kleingeschnittenen Käse unter ständigem Rühren Stück für Stück dazugeben.
· Die Crème fraîche in einer Schüssel mit den Eigelben vermischen und in die Suppe rühren.
· Die Skifahrersuppe abschmecken und servieren.

SOPHIES TIPP
Sie können diese Suppe auch mit jedem anderen Käse Ihrer Wahl zubereiten: Comté, Vacherin*, Raclette, Reblochon*...*

UND DAZU...
Servieren Sie diese Suppe mit Schinkenbaguette: Dazu ein dünnes Baguette der Länge nach durchschneiden und jede Hälfte in drei etwa gleich große Stücke zerteilen. Jedes Baguettestück mit hauchdünn geschnittenem rohen Schinken belegen und für 2 Min. unter den heißen Backofengrill geben.

Scampi-Cremesuppe

FÜR 6 PORTIONEN

1 Zwiebel
1 Karotte
1 EL Olivenöl
500 g Scampi-Köpfe
2 EL Whisky oder Cognac
1 EL Tomatenmark

250 ml trockener Weißwein
2 TL Fischfond
750 ml Wasser
250 g Sahne
Salz
Pfeffer aus der Mühle

· Die Zwiebel schälen und fein hacken.
· Die Karotte schälen und in Scheiben schneiden.
· Das Öl in einem Topf erwärmen und die Scampi-Köpfe darin bei starker Hitze etwa 5 Min. braten.
· Die Scampi leicht mit Salz und Pfeffer würzen und mit dem Whisky flambieren.
· Das Tomatenmark, den Wein, den Fond, das Wasser, die Zwiebel und die Karotte hinzufügen.
· Die Mischung aufkochen, umrühren und bei geringer Hitze etwa 30 Min. köcheln lassen.
· Die Suppe im Mixer 20 Sek. pürieren, dann durch ein feines Sieb streichen und dabei die Scampi-Köpfe sorgfältig zerkleinern, um möglichst viele Geschmacksstoffe zu gewinnen.
· Die Suppe in den Topf zurückgießen und die Sahne unterrühren. Die Scampi-Cremesuppe bei starker Hitze auf die Hälfte reduzieren oder bis die gewünschte Konsistenz erreicht ist, dann abschmecken und servieren.

SOPHIES TIPP
Anstelle der Scampi können Sie auch Hummer oder Garnelen verwenden.

UND DAZU...
Servieren Sie die Suppe mit Chilisahne: Dazu schlagen Sie 150 g eiskalte Sahne steif. Würzen Sie die Schlagsahne mit Salz, Pfeffer und 1 TL Piment d'Espelette* und vermischen Sie das Ganze gut. Überziehen Sie jede Portion Suppe mit einer Schicht Sahne und garnieren Sie sie mit je 4 gegrillten Scampi.

Blumenkohlcremesuppe mit Mascarpone

FÜR 6 PORTIONEN

1 Zwiebel
2 Knoblauchzehen
500 g Blumenkohl
1 EL Olivenöl
1 ½ l Wasser

2 Würfel Hühnerbrühe
100 g Mascarpone
Salz
Pfeffer aus der Mühle

- Die Zwiebel und den Knoblauch schälen und fein hacken.
- Den Blumenkohl putzen und in Röschen zerteilen.
- Das Öl in einem Topf erhitzen. Die Zwiebel, den Knoblauch und den Blumenkohl darin bei mittlerer Hitze etwa 5 Min. braten.
- Die Mischung leicht mit Salz und Pfeffer würzen. Das Wasser und die Brühwürfel hinzufügen.
- Die Suppe aufkochen, umrühren und bei geringer Hitze etwa 25 Min. köcheln lassen.
- Die Blumenkohlcremesuppe mit dem Mascarpone in den Mixer geben und 30 Sek. pürieren, dann abschmecken und servieren.

SOPHIES TIPP
Ersetzen Sie den Blumenkohl zur Hälfte durch Pastinaken.

UND DAZU…
Braten Sie 6 große Jakobsmuscheln in einer beschichteten Pfanne bei starker Hitze von jeder Seite 1 Min. an. Verteilen Sie die Jakobsmuscheln auf 6 Teller, garnieren Sie sie mit Deutschem Kaviar und Kerbelblättern und servieren Sie sie zur Suppe.

Blumenkohlcremesuppe mit Mascarpone

Weihnachtliche Gewürzkaltschale

FÜR 6 PORTIONEN

100 g entsteinte Datteln
100 g getrocknete Aprikosen
100 g entsteinte Trockenpflaumen
100 g getrocknete Feigen
700 ml Wasser
30 g Rohrohrzucker

1 Vanilleschote, aufgeschlitzt
1 Zimtstange
1 Beutel schwarzer Tee
100 g gehackte Mandeln
100 g Pinienkerne

- Die Datteln, die Aprikosen, die Pflaumen und die Feigen kleinschneiden.
- Das Wasser, den Zucker, die Vanilleschote, die Zimtstange und den Teebeutel in einem Topf aufkochen und bei mittlerer Hitze etwa 10 Min. köcheln lassen.
- Den Topf vom Feuer nehmen und den Teebeutel entfernen. Die Datteln, die Aprikosen, die Pflaumen und die Feigen hinzufügen und quellen lassen, bis die Flüssigkeit abgekühlt ist.
- Die Mischung mind. 2 Std. in den Kühlschrank stellen.
- In der Zwischenzeit die Mandeln und die Pinienkerne in einer beschichteten Pfanne ohne Fett anrösten.
- Die Zimtstange und die Vanilleschote kurz vor dem Servieren aus dem Topf nehmen.
- Die Gewürzkaltschale in Schälchen füllen, mit den Mandeln und den Pinienkernen bestreuen und servieren.

SOPHIES TIPP
Je länger Sie die Trockenfrüchte quellen lassen, desto besser schmeckt die Gewürzkaltschale.

UND DAZU...
Bestreuen Sie die Gewürzkaltschale mit 3 EL fein gehackter Minze und reichen Sie Pfefferminztee dazu.

Französische Zwiebelsuppe

FÜR 6 PORTIONEN

6 Zwiebeln
1 Knoblauchzehe
40 g Butter
2 EL Mehl
1 l Wasser

2 Würfel Hühnerbrühe
250 ml Weißwein
Salz
Pfeffer aus der Mühle

- Die Zwiebeln und den Knoblauch schälen und fein hacken.
- Die Butter in einem Topf zerlassen. Die Zwiebeln und den Knoblauch darin bei mittlerer Hitze etwa 10 Min. braten.
- Das Mehl darüberstäuben und unter ständigem Rühren 1 Min. leicht anbräunen.
- Die Mischung leicht mit Salz und Pfeffer würzen. Das Wasser, die Brühwürfel und den Wein hinzufügen.
- Die Suppe aufkochen, umrühren und bei geringer Hitze etwa 20 Min. köcheln lassen.
- Die Zwiebelsuppe abschmecken und servieren.

SOPHIES TIPP
Damit Sie beim Zwiebelschneiden nicht weinen müssen, behalten Sie ½ Glas Wasser so lange im Mund, bis die Zwiebeln geschnitten sind.

UND DAZU...
Legen Sie auf jede Portion Suppe 1 getoastete Brotscheibe und bestreuen Sie diese mit 200 g geriebenem Emmentaler. Stellen Sie die Suppenschüsseln unter den heißen Backofengrill, bis der Käse geschmolzen ist.

Gewürzgurkensuppe mit Cervelatwurst

FÜR 6 PORTIONEN

6 festkochende Kartoffeln
2 kleine Zwiebeln
400 g Cervelatwurst
10 Cornichons
(kleine Gewürzgurken)

2 EL Olivenöl
1 ¹/₂ l Wasser
2 Würfel Gemüsebrühe
2 EL gehackte Petersilie
Salz, Pfeffer aus der Mühle

- Die Kartoffeln und die Zwiebeln schälen und klein-schneiden.
- Die Wurst und die Gewürzgurken würfeln.
- Das Öl in einem Topf erhitzen. Die Kartoffeln und die Zwiebeln darin bei starker Hitze etwa 5 Min. braten.
- Die Mischung leicht mit Salz und Pfeffer würzen. Das Wasser und die Brühwürfel hinzufügen.
- Die Suppe aufkochen, umrühren und bei geringer Hitze etwa 20 Min. köcheln lassen.
- Die Wurst und die Gewürzgurken auf 6 Suppenteller verteilen und mit der zuvor abgeschmeckten Suppe übergießen.
- Die Gewürzgurkensuppe mit Petersilie bestreuen und servieren.

SOPHIES TIPP
Ersetzen Sie die Cervelatwurst durch Knoblauchwurst.

UND DAZU...
Verfeinern Sie jede Portion Suppe mit ¹/₂ hartgekochten Ei und 1 EL Crème fraîche.

Erbsensuppe mit Speck

FÜR 6 PORTIONEN

3 Karotten
2 Zwiebeln
2 Porreestangen
1 EL Olivenöl
100 g Räucherspeck

1 ¹/₂ l Wasser
2 Würfel Gemüsebrühe
300 g Trockenerbsen
Salz, Pfeffer aus der Mühle

- Die Karotten und die Zwiebeln schälen und würfeln.
- Den Porree waschen und in Scheiben schneiden.
- Das Öl in einem Topf erhitzen. Den Speck, die Karotten, die Zwiebeln und den Porree darin bei starker Hitze etwa 5 Min. braten.
- Die Mischung leicht mit Salz und Pfeffer würzen. Das Wasser, die Brühwürfel und die Erbsen hinzufügen.
- Die Suppe aufkochen, umrühren und bei geringer Hitze etwa 45 Min. köcheln lassen.
- Die Erbsensuppe abschmecken und sofort servieren.

SOPHIES TIPP
Anstelle der Erbsen können Sie auch rote Linsen verwenden.

UND DAZU...
Servieren Sie gebackene Toastbrotröllchen zur Suppe: Dazu 3 Toastbrotscheiben mit einem Nudelholz flachrollen, dann halbieren und die Hälften um das Nudelholz wickeln. Das Nudelholz etwa 15 Min. in den auf 200 °C (Umluft 180 °C) vorgeheizten Backofen legen, bis das Brot goldbraun ist. Die Toastbrotröllchen vorsichtig vom Nudelholz lösen, nach Belieben mit gehackten Kräutern bestreuen und unmittelbar vor dem Servieren auf die Suppe legen.

Bohnencremesuppe mit Rosmarin

FÜR 6 PORTIONEN

500 g weiße Bohnen aus der Dose
750 ml Wasser
2 TL Geflügelfond
500 g Sahne
1 Stängel Rosmarin

4 Salbeiblätter
5 EL Nuss- oder Olivenöl
Salz
Pfeffer aus der Mühle

- Die Bohnen, das Wasser, den Fond, die Sahne und die Kräuter in einen Topf geben.
- Die Mischung leicht mit Salz und Pfeffer würzen.
- Die Suppe aufkochen, umrühren und bei geringer Hitze etwa 20 Min. köcheln lassen.
- Die Kräuter aus der Suppe entfernen und diese im Mixer 30 Sek. pürieren, dann abschmecken und mind. 2 Std. in den Kühlschrank stellen.
- Die Bohnencremesuppe mit Nussöl übergießen und kalt servieren.

SOPHIES TIPP
Sofern Sie getrocknete Bohnen verwenden, beachten Sie die Einweichzeit! Je länger die Bohnen eingeweicht werden, desto kürzer müssen sie kochen und desto besser sind sie verdaulich. Weichen Sie die Bohnen daher am besten etwa 12 Std. lang in der vierfachen Menge ungesalzenen kalten Wassers ein. Danach werden die Bohnen etwa 1 Std. gekocht (Das Salz erst etwa 10 Min. vor Ende der Kochzeit hinzufügen!).

UND DAZU...
Servieren Sie die Suppe mit Kabeljau-Chorizo*-Spießchen: Dazu etwas Olivenöl und Butter in einer Pfanne erhitzen und darin 6 kleine Stücke Kabeljaufilet und 6 Scheiben Chorizo* goldbraun braten. Je 1 Stück Fisch und Wurst auf einen Spieß stecken und zur Suppe reichen.

Pfarrhaus-Suppe

FÜR 6 PORTIONEN

1 mittelgroße Zwiebel
2 Porreestangen
4 Kartoffeln
20 g Butter
750 ml Wasser

2 Würfel Gemüsebrühe
500 ml Milch
Salz
Pfeffer aus der Mühle

- Die Zwiebel schälen und fein hacken.
- Den Porree waschen und kleinschneiden.
- Die Kartoffeln schälen und würfeln.
- Die Butter in einem Topf zerlassen. Die Zwiebel, den Porree und die Kartoffeln darin bei mittlerer Hitze etwa 5 Min. braten.
- Die Mischung leicht mit Salz und Pfeffer würzen. Das Wasser, die Brühwürfel und die Milch dazugeben.
- Die Suppe aufkochen, umrühren und bei geringer Hitze etwa 25 Min. köcheln lassen.
- Die Pfarrhaus-Suppe abschmecken und servieren.

SOPHIES TIPP
Ersetzen Sie die Kartoffeln zur Hälfte durch Karotten oder Zucchini.

UND DAZU...
Servieren Sie Schmelzkäsecreme zur Suppe: Dazu 100 g Speck in einer beschichteten Pfanne bei mittlerer Hitze etwa 5 Min. braten und mit Pfeffer würzen. Den Speck mit 100 ml Weißwein und 10 Schmelzkäse-Ecken vermischen. Die Mischung so lange rühren, bis der Käse geschmolzen ist. Die Schmelzkäsecreme pürieren, kalt stellen und mit Toastbrot zur Suppe servieren.

Linsensuppe mit Schweinswürstchen

FÜR 6 PORTIONEN

1 Zwiebel
1 Saucisse de Morteau* oder
320 g andere Schweinswürstchen
20 g Butter
500 g Linsen aus der Dose

1 l Wasser
2 Würfel Rinderbrühe
250 g Sahne
Salz
Pfeffer aus der Mühle

- Die Zwiebel schälen und fein hacken.
- Die Wurst kleinschneiden.
- Die Butter in einem Topf zerlassen. Die Linsen, die Zwiebel und die Wurst darin bei mittlerer Hitze etwa 5 Min. braten.
- Die Mischung leicht mit Salz und Pfeffer würzen. Das Wasser, die Brühwürfel und die Sahne dazugeben.
- Die Suppe aufkochen, umrühren und bei geringer Hitze etwa 20 Min. köcheln lassen.
- Die Linsensuppe im Mixer 30 Sek. pürieren, dann abschmecken und servieren.

SOPHIES TIPP
Sie können anstelle der Saucisse de Morteau auch 1 Andouillette* verwenden.*

UND DAZU…
Zu dieser Suppe passt gebackener Frühstücksspeck: Dazu aus 12 hauchdünnen Scheiben Frühstücksspeck feine Röllchen formen und auf ein mit Backpapier oder mit einer Silikonbackmatte ausgelegtes Backblech geben. Die Speckröllchen im vorgeheizten Backofen bei 200 °C (Umluft 180 °C) etwa 10 Min. goldbraun backen und heiß servieren.

Pastinaken-Topinambur-Suppe

FÜR 6 PORTIONEN

1 Zwiebel
200 g Topinambure
300 g Pastinaken
1 EL Olivenöl

1 l Wasser
2 Würfel Gemüsebrühe
250 g Sahne
Salz, Pfeffer aus der Mühle

- Die Zwiebel schälen und fein hacken.
- Die Topinambure und die Pastinaken schälen und klein-schneiden.
- Das Öl in einem Topf erhitzen. Die Zwiebel, die Topinam-bure und die Pastinaken darin bei mittlerer Hitze etwa 5 Min. braten.
- Die Mischung leicht mit Salz und Pfeffer würzen. Das Wasser, die Brühwürfel und die Sahne hinzufügen.
- Die Suppe aufkochen, umrühren und bei geringer Hitze etwa 25 Min. köcheln lassen.
- Die Pastinaken-Topinambur-Suppe im Mixer 30 Sek. pürieren, dann abschmecken und servieren.

SOPHIES TIPPS
Sie können die Pastinaken auch mit Schale kochen. Geschälte Pastinaken sollten unmittelbar nach dem Schälen gekocht oder in Zitronenwasser einlegt werden, da sich das Fruchtfleisch sonst verfärbt. Pastinaken werden wie Karotten oder weiße Rüben zubereitet. Sie schmecken leicht süßlich, ähnlich wie Kartoffel-Karotten-Gemüse.

UND DAZU...
Geben Sie der Suppe mit Coppa* oder Bresaola* den letzten Pfiff: Dazu 12 Scheiben davon im vorgeheizten Backofen bei 200 °C (Umluft 180 °C) etwa 10 Min. backen und heiß servieren.

Borschtsch

1 mittelgroße Zwiebel
4 Kartoffeln
1 rohe oder gekochte Rote Bete
2 Karotten
200 g Weißkohl
500 g Rindfleisch aus dem Bug
1 EL Olivenöl
1 EL Weinessig

1 Dose geschälte Tomaten à 850 ml
1 Kräutersträußchen (3 Petersilien-
stängel, 1 Thymianzweig, 1 Lorbeer-
blatt)
2 l Wasser
2 Würfel Rinderbrühe
Salz, Pfeffer aus der Mühle

- Die Zwiebel, die Kartoffeln, die Rote Bete und die Karotten schälen und würfeln.
- Den Kohl kleinschneiden.
- Das Fleisch in mundgerechte Stücke schneiden.
- Das Öl in einem Topf erhitzen. Das Rindfleisch darin bei starker Hitze etwa 5 Min. braten und dann mit Essig ab-löschen, dabei den Bratensatz vom Topfboden lösen.
- Das kleingeschnittene Gemüse, die Tomaten und das Kräu-tersträußchen hinzufügen und bei mittlerer Hitze 5 Min. braten.
- Die Mischung leicht mit Salz und Pfeffer würzen. Das Wasser und die Brühwürfel dazugeben.
- Die Suppe aufkochen, umrühren und bei geringer Hitze etwa 2 Std. köcheln lassen.
- Den Borschtsch abschmecken und servieren.

APROPOS
Ich mag Rote Bete am liebsten roh und reibe sie wie Karotten.

UND DAZU...
Verfeinern Sie die Suppe mit 1 EL Crème fraîche.

Borschtsch

Phô*-Suppe

FÜR 6 PORTIONEN

2 weiße Zwiebeln
250 g Rumpsteak oder Roastbeef
1 Sternanis
1 Zimtstange
5 Koriandersamen
1 Gewürznelke
1 ½ l Wasser
3 Würfel Rinderbrühe
10 g geriebener frischer Ingwer
Saft und abgeriebene Schale von
1 unbehandelten Limette

2 EL Sojasauce
1 EL Rohrohrzucker
100 g Mungbohnensprossen aus der Dose
100 g chinesische Reis- oder Weizennudeln
4 EL gehackte Korianderblätter
Salz
Pfeffer aus der Mühle

- Die Zwiebeln schälen und fein hacken.
- Das Fleisch kleinschneiden.
- Den Anis, die Zimtstange, den Koriander und die Nelke in ein Tee-Ei geben.
- Das Wasser, die Brühwürfel, den Ingwer, den Limettensaft, die Limettenschale, die Zwiebeln und das Tee-Ei in einen Topf geben.
- Die Mischung leicht mit Salz und Pfeffer würzen, dann aufkochen, umrühren und bei geringer Hitze etwa 20 Min. köcheln lassen.
- Nach etwa 10 Min. Kochzeit die Sojasauce, den Zucker, die Sprossen und die Nudeln hinzufügen.
- Das Tee-Ei kurz vor dem Servieren aus der Suppe nehmen. Das Fleisch dazugeben und die Suppe 3 Min. köcheln lassen.
- Die Phô-Suppe abschmecken, mit dem Koriander bestreuen und servieren.

SOPHIES TIPP
Anstelle der Nudeln können Sie auch Reis verwenden.

UND DAZU...
Schlagen Sie eiskalte Kokoscreme steif. Geben Sie auf jede Portion Suppe je 1 EL Kokosschlagsahne und bestreuen Sie sie mit feinen Limettenschalenstreifen.

Bunte Kohlsuppe

FÜR 6 PORTIONEN

1 mittelgroße Zwiebel
$^{1}/_{2}$ Weißkohl
$^{1}/_{2}$ Blumenkohl
1 weiße Rübe (z. B. Mai- oder Herbstrübe)
100 g Spinat
1 EL Olivenöl

100 g frische Erbsen, enthülst
1 $^{1}/_{2}$ l Wasser
2 Würfel Gemüsebrühe
Salz, Pfeffer aus der Mühle

- Die Zwiebel, den Weißkohl, den Blumenkohl und die Rübe schälen und würfeln.
- Die mittlere Rippe der Spinatblätter entfernen. Den Spinat waschen, trockenschleudern und kleinschneiden.
- Das Öl in einem Topf erhitzen. Das Gemüse darin bei mittlerer Hitze etwa 5 Min. braten.
- Die Mischung leicht mit Salz und Pfeffer würzen. Das Wasser und die Brühwürfel hinzufügen.
- Die Suppe aufkochen, umrühren und bei geringer Hitze etwa 25 Min. köcheln lassen.
- Die Kohlsuppe abschmecken und servieren.

SOPHIES TIPP
Weißkohl ist bekömmlicher, wenn Sie etwas Kümmel oder Anis ins Kochwasser geben.

UND DAZU...
Servieren Sie die Suppe mit 2 in Scheiben geschnittenen Frankfurter Würstchen oder Knackwürsten, 1 TL Senf und geröstetem Weißbrot.

Soupe béarnaise

FÜR 6 PORTIONEN

1 Zwiebel
2 Knoblauchzehen
1 kleiner Grünkohl
400 g Kartoffeln
1 Karotte
1 Porreestange
2 weiße Rüben (z. B. Mai- oder Herbstrüben)
1 Stange Sellerie
1 ½ l Wasser

3 Würfel Hühnerbrühe
300 g weiße Bohnen aus der Dose
1 Dose Entenconfit mit 2 Keulen oder
2 Keulen von Pute oder Huhn
Salz, Pfeffer aus der Mühle

- Die Zwiebel und den Knoblauch schälen und fein hacken.
- Den Kohl putzen und kleinschneiden.
- Die Kartoffeln, die Karotte, den Porree, die Rüben und den Sellerie putzen und würfeln.
- Das kleingeschnittene Gemüse in einen Topf geben.
- Die Mischung leicht mit Salz und Pfeffer würzen. Das Wasser und die Brühwürfel hinzufügen.
- Die Suppe aufkochen, umrühren und bei geringer Hitze etwa 45 Min. köcheln lassen. Nach etwa 30 Min. die Bohnen und die Entenkeulen dazugeben.
- Die Soupe béarnaise abschmecken und servieren.

APROPOS
Die Soupe béarnaise wird auch »Garbure« genannt und ist ein typisches Gericht aus den Pyrenäen, genauer gesagt aus dem Bigorre. Sie war einst ein Armeleuteessen, häufig die einzige Mahlzeit am Tag. Dem Gemüseeintopf wird gerne ein Schinkenknochen für den Geschmack hinzugefügt. Manche Einheimische geben etwas Rotwein in den Teller, um die Suppe zu »verdünnen«.

UND DAZU...
Servieren Sie diese Suppe mit geröstetem, mit Knoblauch eingeriebenem Bauernbrot.

Soupe béarnaise

Süßkartoffelsuppe mit Birnen

FÜR 6 PORTIONEN

1 Zwiebel
300 g Süßkartoffeln
2 Birnen
1 EL Olivenöl
10 g geriebener frischer Ingwer
1 TL Zimt

1 l Wasser
2 Würfel Hühnerbrühe
250 g Sahne
Salz, Pfeffer aus der Mühle

- Die Zwiebel schälen und fein hacken.
- Die Süßkartoffeln und die Birnen schälen und würfeln.
- Das Öl in einem Topf erhitzen. Den Ingwer, den Zimt, die Zwiebel, die Süßkartoffeln und die Birnen darin bei mittlerer Hitze etwa 5 Min. braten.
- Die Mischung leicht mit Salz und Pfeffer würzen. Das Wasser, die Brühwürfel und die Sahne hinzufügen.
- Die Suppe aufkochen, umrühren und bei geringer Hitze etwa 20 Min. köcheln lassen.
- Die Süßkartoffelsuppe im Mixer 30 Sek. pürieren, dann abschmecken und servieren.

SOPHIES TIPPS
Sie können anstelle der Sahne auch Kokosmilch verwenden und den Zimt durch Viergewürzpulver* ersetzen.

UND DAZU...
Mischen Sie in einer Schüssel die abgeriebene Schale von 1 unbehandelten Orange, 1 fein gehackte Knoblauchzehe und 2 EL gehackte Korianderblätter. Würzen Sie die Mischung mit Salz und Pfeffer und geben Sie je 1 TL davon zu jeder Portion Suppe.

Suppe nach Savoyer Art

FÜR 6 PORTIONEN

1 Zwiebel
2 Knoblauchzehen
4 Karotten
2 weiße Rüben (z. B. Mai- oder Herbstrüben)
4 Kartoffeln
1/2 Weißkohl
2 Porreestangen
4 Scheiben gepökelter Speck
4 Saucisses de Savoie* oder
4 Frankfurter Würstchen

2 EL Schweine- oder Entenschmalz
1 1/2 l Wasser
3 Würfel Gemüsebrühe
200 g Raclettekäse
Salz, Pfeffer aus der Mühle

- Die Zwiebel und den Knoblauch schälen und fein hacken.
- Die Karotten, die Rüben und die Kartoffeln schälen und würfeln.
- Den Kohl und den Porree putzen und kleinschneiden.
- Den Speck und die Würste kleinschneiden.
- Das Schmalz in einem Topf zerlassen. Die Zwiebel, den Knoblauch und das übrige Gemüse darin bei starker Hitze etwa 5 Min. braten.
- Die Mischung leicht mit Salz und Pfeffer würzen. Den Speck, die Wurst, das Wasser und die Brühwürfel hinzufügen.
- Die Suppe aufkochen, umrühren und bei geringer Hitze etwa 45 Min. köcheln lassen, dann abschmecken und den entrindeten und gewürfelten Käse dazugeben.
- Die Suppe nach Savoyer Art umrühren und servieren.

SOPHIES TIPP
Putzen Sie zunächst alle Gemüse und schneiden Sie sie erst später klein, damit sparen Sie Zeit!

UND DAZU...
Servieren Sie diese Suppe mit geröstetem, mit Knoblauch eingeriebenem Bauernbrot.

Maiscremesuppe

FÜR 6 PORTIONEN

2 Dosen Mais à 425 ml
2 EL Olivenöl
1 l Wasser
2 Würfel Hühnerbrühe

400 g Sahne
1 EL gemahlene Kurkuma
Salz
Pfeffer aus der Mühle

· Den Mais abtropfen lassen.
· Das Öl in einem Topf erhitzen. Den Mais darin bei starker Hitze etwa 10 Min. braten.
· Den Mais erneut abtropfen lassen und leicht mit Salz und Pfeffer würzen.
· Das Wasser, die Brühwürfel und die Sahne in den Topf mit dem Mais geben.
· Die Suppe aufkochen, umrühren und bei geringer Hitze etwa 15 Min. köcheln lassen.
· Die Maiscremesuppe mit der Kurkuma würzen, im Mixer 30 Sek. pürieren, abschmecken und servieren.

SOPHIES TIPP
Braten Sie den Mais lange und heiß genug an, das gibt der Suppe ihren besonderen Geschmack.

UND DAZU...
Verfeinern Sie die Suppe mit gewürfeltem Schafskäse und geschälten Tomatenwürfeln.

Bouillon » Michel «

FÜR 6 PORTIONEN

1 l Wasser
2 Würfel Hühner-, Rinder- oder Gemüsebrühe
200 g Fadennudeln (z. B. Vermicelli oder Spaghettini)
Salz
Pfeffer aus der Mühle

- Das Wasser und die Brühwürfel in einem Topf bei mittlerer Hitze aufkochen.
- Die Nudeln hinzufügen und etwa 10 Min. kochen.
- Die Bouillon abschmecken und servieren.

APROPOS

Dieses herrlich einfache Rezept verdanke ich meiner Freundin Nicole. Es ist die Lieblingssuppe ihres Mannes Michel und wird bestimmt auch Ihnen schmecken!

UND DAZU...

Vermischen Sie in einer Schüssel 2 Eier, 4 EL Crème fraîche und 4 EL geriebenen Emmentaler. Verteilen Sie die Mischung auf 6 Suppenteller und gießen Sie unter ständigem Rühren die Suppe darüber. Servieren Sie die Suppe mit Toastbrot.

Schokoladencreme mit Vanille

FÜR 6 PORTIONEN

200 g Bitterschokolade
300 ml Milch
300 g Sahne
1 TL gemahlene Vanille oder Zimt

- Die Schokolade in kleine Stücke brechen und in eine Schüssel geben.
- Die Milch, die Sahne und die Vanille in einem Topf erhitzen.
- Die heiße Flüssigkeit nach und nach über die Schokolade gießen und die Mischung mit einem Schneebesen zu einer glatten Creme verrühren.
- Die Schokoladencreme vor dem Servieren mind. 2 Std. in den Kühlschrank stellen.

SOPHIES TIPP
Anstelle von Bitterschokolade können Sie auch Milchschokolade verwenden.

UND DAZU...
Servieren Sie die Schokoladencreme mit Fruchtspießen aus Erdbeeren, Kiwis, Bananen, Äpfeln, Birnen...

FRÜHLING

Rote-Bete-Suppe

FÜR 6 PORTIONEN

1 Knoblauchzehe
1 Schalotte
500 g gekochte Rote Bete
2 Becher Joghurt à 125 g

1 EL Himbeer- oder
Weißweinessig
Salz
Pfeffer aus der Mühle

- Den Knoblauch und die Schalotte schälen und fein hacken.
- Die Rote Bete kleinschneiden.
- Das Gemüse in den Mixer geben und mit Salz und Pfeffer würzen. Den Joghurt und den Essig hinzufügen und die Mischung 30 Sek. pürieren.
- Die Rote-Bete-Suppe abschmecken und vor dem Servieren mind. 2 Std. in den Kühlschrank stellen.

SOPHIES TIPP
Wenn ich Rote Bete verarbeite, trage ich Einweghandschuhe, um ein Verfärben meiner Hände zu vermeiden.

UND DAZU...
Bestreuen Sie die Suppe mit 2 fein gehackten hartgekochten Eiern und servieren Sie dazu Feldsalat.

Erbsen-Bohnen-Suppe

FÜR 6 PORTIONEN

2 Schalotten
1 EL Olivenöl
200 g Dicke oder weiße Bohnen
200 g Erbsen
750 ml Wasser
2 Würfel Gemüsebrühe
500 ml Milch
1 Avocado
Salz, Pfeffer aus der Mühle

- Die Schalotten schälen und fein hacken.
- Das Öl in einem Topf erhitzen. Die Schalotten, die Bohnen und die Erbsen darin bei mittlerer Hitze etwa 5 Min. braten.
- Die Mischung leicht mit Salz und Pfeffer würzen. Das Wasser, die Brühwürfel und die Milch hinzufügen.
- Die Suppe aufkochen, umrühren und etwa 20 Min. bei geringer Hitze köcheln lassen.
- In der Zwischenzeit die Avocado schälen und würfeln.
- Die Erbsen-Bohnen-Suppe mit der Avocado in den Mixer geben und 30 Sek. pürieren, dann abschmecken und servieren.

SOPHIES TIPP
Anstelle von Olivenöl können Sie auch Nussöl verwenden.

UND DAZU...
Servieren Sie die Suppe mit gegrillten Avocadowürfeln: Dazu 1 Avocado würfeln, die Würfel auf ein Backblech legen und mit Piment d'Espelette* bestreuen. Die Avocadowürfel etwa 3 Min. unter den heißen Backofengrill geben und dann über die Suppe streuen. Dazu passen Mais-Chips.

Spargelcremesuppe mit Schnittlauch

FÜR 6 PORTIONEN

500 g grüner Spargel
1 Porreestange
750 ml Wasser
2 Würfel Gemüsebrühe
500 ml Milch
15 Stängel Schnittlauch
Salz, Pfeffer aus der Mühle

- Die Spargelstangen von den holzigen Enden befreien und den Porree putzen.
- Den Spargel und den Porree kleinschneiden und mit dem Wasser, den Brühwürfeln und der Milch in einen Topf geben.
- Die Mischung leicht mit Salz und Pfeffer würzen.
- Die Suppe aufkochen, umrühren und bei geringer Hitze etwa 20 Min. köcheln lassen.
- Die Spargelcremesuppe mit dem Schnittlauch in den Mixer geben und 30 Sek. pürieren, dann abschmecken und vor dem Servieren mind. 2 Std. in den Kühlschrank stellen.

SOPHIES TIPP
Ersetzen Sie die Milch durch Sahne; das macht die Suppe zwar gehaltvoller, aber auch schmackhafter.

UND DAZU...
Verfeinern Sie die Suppe mit Erdbeereiswürfeln: Dazu 6 Erdbeeren entstielen und mit 1 EL Balsamico-Essig vermischen. Die Früchte in einen Eiswürfelbehälter geben, mit Wasser bedecken und mind. 2 Std. in den Gefrierschrank stellen. In jede Portion Suppe 1 Eiswürfel geben.

Zucchinisuppe mit Schmelzkäse

FÜR 6 PORTIONEN

500 g Zucchini
1 ¼ l Wasser
2 Würfel Gemüsebrühe

3 Schmelzkäse-Ecken
Salz
Pfeffer aus der Mühle

- Die Zucchini waschen, kleinschneiden und in einen Topf geben.
- Das Wasser und die Brühwürfel hinzufügen.
- Die Mischung leicht mit Salz und Pfeffer würzen.
- Die Suppe aufkochen, umrühren und bei geringer Hitze etwa 20 Min. köcheln lassen.
- Die Zucchinicremesuppe mit dem Käse in den Mixer geben und 30 Sek. pürieren, dann abschmecken und servieren.

SOPHIES TIPPS
Ersetzen Sie die Zucchini durch Brokkoli und den Schmelzkäse durch Frischkäse. Diese Suppe lässt sich auch gut in der Mikrowelle zubereiten (10 Min. genügen).

UND DAZU...
Reichen Sie gefüllte Schinkenröllchen zur Suppe: Dazu 2 Scheiben Schinken dick mit Schmelzkäse oder mit Frischkäse bestreichen, zusammenrollen und etwa 1 Std. in den Kühlschrank stellen. Die gefüllten Röllchen in mehrere Stücke schneiden, mit je 1 Schnittlauchstängel zusammenbinden und zur Suppe reichen.

Kokoshuhn-Salat-Suppe

FÜR 6 PORTIONEN

2 Schalotten
2 Kopfsalate
20 g Butter
1 Hähnchenbrustfilet
Saft und abgeriebene Schale von
1 unbehandelten Limette
50 g grüne Weinbeeren
1 TL Curry

1 l Wasser
2 Würfel Hühnerbrühe
250 ml Kokosmilch
2 EL gehackte Korianderblätter
Salz
Pfeffer aus der Mühle

- Die Schalotten schälen und fein hacken.
- Die Salate putzen, waschen und in feine Streifen schneiden.
- Die Butter in einem Topf zerlassen und das Hühnerfleisch darin bei starker Hitze etwa 5 Min. braten.
- Das Fleisch mit dem Limettensaft und der Limettenschale ablöschen, dabei den Bratensatz vom Topfboden lösen.
- Die Beeren, den Curry, die Schalotten und den Salat dazugeben und bei mittlerer Hitze 5 Min. braten.
- Die Mischung leicht mit Salz und Pfeffer würzen. Das Wasser, die Brühwürfel und die Kokosmilch hinzufügen.
- Die Suppe aufkochen, umrühren und bei geringer Hitze etwa 20 Min. köcheln lassen.
- Die Kokoshuhn-Salat-Suppe abschmecken, mit dem Koriander bestreuen und servieren.

SOPHIES TIPPS
Sie können das Hühnerfleisch auch durch Garnelen und den Curry durch Ingwer ersetzen.

UND DAZU...
Servieren Sie die Suppe mit Koriandersahne: Dazu 150 g eiskalte Sahne steifschlagen und mit 2 EL gehackten Korianderblättern und der abgeriebenen Schale von 1 unbehandelten Limette vermischen. Jede Portion Suppe wie bei einem Cappuccino mit einer Schicht Koriandersahne überziehen und servieren.

Chorba*

1 Zwiebel
500 g Lammfleisch
(Nacken, Keule oder Schulter)
2 EL Olivenöl
1 ¹/₄ l Wasser
2 Würfel Hühnerbrühe
1 Dose geschälte Tomaten à 850 ml
1 EL Tomatenmark
1 EL gemahlener Paprika (edelsüß)

150 g Kichererbsen
2 EL Fadennudeln
(z. B. Vermicelli oder Spaghettini)
10 Minzeblätter, fein geschnitten
10 Korianderblätter, gehackt
Salz, Pfeffer aus der Mühle

· Die Zwiebel schälen und fein hacken.
· Das Fleisch in kleine Stücke schneiden.
· Das Öl in einem Topf erhitzen. Die Zwiebel und das Fleisch darin bei starker Hitze etwa 5 Min. braten.
· Die Mischung leicht mit Salz und Pfeffer würzen. Das Wasser, die Brühwürfel, die Tomaten, das Tomatenmark, den Paprika und die Kichererbsen hinzufügen.
· Die Suppe aufkochen, umrühren und bei geringer Hitze etwa 35 Min. köcheln lassen. Nach etwa 20 Min. Kochzeit die Nudeln und die Kräuter dazugeben.
· Die Chorba abschmecken und servieren.

SOPHIES TIPP
Reichern Sie die Suppe mit 2 Kartoffeln, 1 Zucchini oder 1 Handvoll Erbsen an.

UND DAZU...
Reichen Sie mit Hummus (Kichererbsenpaste) bestrichenen Toast zur Chorba.*

Brokkolisuppe mit Feta*

FÜR 6 PORTIONEN

3 Knoblauchzehen
500 g Brokkoli
1 EL Olivenöl
1 EL Honig
1 $\frac{1}{4}$ l Wasser
2 Würfel Gemüsebrühe
10 g Feta*
Salz, Pfeffer aus der Mühle

- Den Knoblauch schälen und fein hacken.
- Den Brokkoli von Blättern und Strunk befreien und die Röschen kleinschneiden.
- Das Öl in einem Topf erhitzen. Den Honig, den Knoblauch und den Brokkoli darin bei mittlerer Hitze etwa 5 Min. braten.
- Die Mischung leicht mit Salz und Pfeffer würzen. Das Wasser und die Brühwürfel hinzufügen.
- Die Suppe aufkochen, umrühren und bei geringer Hitze etwa 20 Min. köcheln lassen.
- Die Brokkolisuppe mit dem gewürfelten Käse in den Mixer geben und 30 Sek. pürieren, dann abschmecken und servieren.

SOPHIES TIPP
Ersetzen Sie den Feta durch Ziegenfrischkäse.*

UND DAZU…
Zu dieser Suppe passt gebratenes Hühnerfleisch: Dazu 20 g Butter in einer beschichteten Pfanne zerlassen und darin 1 kleingeschnittenes Hähnchenbrustfilet sowie 2 EL Pinienkerne braten. Die Mischung mit Salz und Pfeffer würzen, mit 2 EL Petersilie bestreuen und zur Suppe geben.

Weiße-Rüben-Suppe mit Karotten

FÜR 6 PORTIONEN

400 g weiße Rüben
(z. B. Mai- oder Herbstrüben)
2 Karotten
20 g Butter
750 ml Wasser

2 Würfel Hühnerbrühe
500 ml Milch
Salz
Pfeffer aus der Mühle

· Die Rüben und die Karotten schälen und würfeln.
· Die Butter in einem Topf zerlassen. Die Rüben- und die Karottenwürfel darin bei mittlerer Hitze etwa 5 Min. braten.
· Die Mischung leicht mit Salz und Pfeffer würzen. Das Wasser, die Brühwürfel und die Milch dazugeben.
· Die Suppe aufkochen, umrühren und bei geringer Hitze etwa 30 Min. köcheln lassen.
· Die Weiße-Rüben-Suppe im Mixer 30 Sek. pürieren, dann abschmecken und servieren.

SOPHIES TIPPS
Achten Sie beim Kauf darauf, dass die weißen Rüben möglichst klein sind. Werfen Sie das Karottengrün nicht weg! Es lässt sich wie Spinat entweder dünsten oder in der Suppe mitköcheln.

UND DAZU…
Bestreuen Sie die Suppe mit gehobeltem Parmesan und gehacktem Kerbel.

Sauerampfersuppe

FÜR 6 PORTIONEN

2 kg Sauerampfer
20 g Butter
750 ml Wasser
2 Würfel Hühnerbrühe

500 g Sahne
Salz
Pfeffer aus der Mühle

- Die Sauerampferblätter entstielen, waschen und gut abtropfen lassen.
- Die Butter in einem Topf zerlassen und den Sauerampfer darin bei mittlerer Hitze etwa 5 Min. zusammenfallen lassen.
- Die Mischung leicht mit Salz und Pfeffer würzen. Das Wasser, die Brühwürfel und die Sahne hinzufügen.
- Die Suppe aufkochen, umrühren und bei geringer Hitze etwa 20 Min. köcheln lassen.
- Die Sauerampfersuppe im Mixer 30 Sek. pürieren, dann abschmecken und servieren.

SOPHIES TIPP
Anstelle von Sauerampfer können Sie auch Spinat verwenden.

UND DAZU...
Verfeinern Sie die Sauerampfersuppe mit Lachs: Dazu etwas Öl in einer beschichteten Pfanne erhitzen und darin 400 g Lachsfilet von jeder Seite 2 Min. braten. Den Fisch mit Fleur de Sel* und Pfeffer würzen, würfeln und zur Suppe geben.

Artischockensuppe mit Ricotta

2 Schalotten
1 EL Olivenöl
500 g Artischockenböden aus der Dose
1 ¹/₄ l Wasser

2 Würfel Gemüsebrühe
1 EL Ricotta
Salz, Pfeffer aus der Mühle

- Die Schalotten schälen und fein hacken.
- Das Öl in einem Topf erhitzen. Die Artischocken und die Schalotten darin bei mittlerer Hitze etwa 5 Min. braten.
- Die Mischung leicht mit Salz und Pfeffer würzen. Das Wasser und die Brühwürfel hinzufügen.
- Die Suppe aufkochen, umrühren und bei geringer Hitze etwa 20 Min. köcheln lassen.
- Die Artischockensuppe mit dem Ricotta in den Mixer geben und 30 Sek. pürieren, dann abschmecken und servieren.

SOPHIES TIPP
Um Artischocken möglichst lange frisch zu halten, stellen Sie die Stiele in leicht gezuckertes Wasser. Aber Vorsicht: Gekochte Artischocken sind sehr empfindlich und verderben leicht, was zu Verdauungsbeschwerden führen kann. Sie sollten daher innerhalb von 24 Std. verzehrt werden.

UND DAZU...
Bestreuen Sie die Suppe mit Lachs-Kaviar.

Kohlsuppe à la Sophie

FÜR 6 PORTIONEN

1 Weißkohl
2 grüne, rote oder gelbe
Paprikaschoten
6 große Zwiebeln
1 Stange Sellerie
2 Knoblauchzehen

1 Dose geschälte Tomaten à 850 ml
1 EL Curry
3 l Wasser
3 Würfel Hühnerbrühe
Salz, Pfeffer aus der Mühle

- Den Weißkohl, die Paprikaschoten, die Zwiebeln, den Sellerie und den Knoblauch putzen, würfeln und in einen Topf geben.
- Die Tomaten, den Curry, das Wasser und die Brühwürfel hinzufügen.
- Die Mischung leicht mit Salz und Pfeffer würzen.
- Die Suppe aufkochen, umrühren und bei geringer Hitze etwa 1 Std. köcheln lassen.
- Die Kohlsuppe abschmecken und servieren.

SOPHIES TIPP

Diese Suppe verbrennt körpereigenes Fett. Häufig wird sie bei strengen Diäten empfohlen, aber in diesem Fall sollten Sie zuvor einen Arzt konsultieren. Ich nutze die Suppe gerne als »kulinarische Pause«, um meinen Körper zu entschlacken. Aber Achtung: Die Suppe darf nicht püriert werden, sonst verliert sie ihre sättigende Wirkung!

UND DAZU...

Entweder wird Diät gehalten oder nicht: Zu dieser Suppe also keine Beilage!

Perlhuhn-Porree-Suppe

FÜR 6 PORTIONEN

1 Zwiebel
3 Porreestangen
4 Perlhuhnbrustfilets
6 Scheiben Lachsschinken
1 EL Olivenöl

1 EL gehackte Petersilie
1 l heißes Wasser
2 Würfel Hühnerbrühe
Salz
Pfeffer aus der Mühle

- Die Zwiebel schälen und fein hacken.
- Den Porree putzen und kleinschneiden.
- Das Perlhuhnfleisch und den Lachsschinken würfeln.
- Das Öl in einem Topf erhitzen. Das Hühnerfleisch und den Schinken darin bei starker Hitze etwa 5 Min. braten.
- Die Petersilie, die Zwiebel und den Porree hinzufügen und bei mittlerer Hitze etwa 5 Min. braten.
- Die Mischung leicht mit Salz und Pfeffer würzen. Das Wasser und die Brühwürfel dazugeben.
- Die Suppe aufkochen, umrühren und bei geringer Hitze etwa 20 Min. köcheln lassen.
- Die Perlhuhn-Porree-Suppe abschmecken und servieren.

SOPHIES TIPP
Anstelle von Perlhuhn können Sie auch Kaninchenfleisch verwenden.

UND DAZU...
Bestreuen Sie die Suppe mit 100 g kleingeschnittenen entsteinten Pflaumen.

Erbsensuppe

FÜR 6 PORTIONEN

4 weiße Zwiebeln
1 EL Olivenöl
500 g Erbsen
1 ¹/₄ l Wasser
2 Würfel Gemüsebrühe

1 EL Doppelrahmfrischkäse
15 Minzeblätter
Salz
Pfeffer aus der Mühle

- Die Zwiebeln schälen und fein hacken.
- Das Öl in einem Topf erhitzen. Die Erbsen und die Zwiebeln darin bei mittlerer Hitze etwa 5 Min. braten.
- Die Mischung leicht mit Salz und Pfeffer würzen. Das Wasser und die Brühwürfel dazugeben.
- Die Suppe aufkochen, umrühren und bei geringer Hitze etwa 20 Min. köcheln lassen.
- Die Erbsensuppe mit dem Frischkäse und der Minze in den Mixer geben und 30 Sek. pürieren, dann durch ein feines Sieb streichen, abschmecken und servieren.

SOPHIES TIPP
Anstelle der Erbsen können Sie auch Dicke Bohnen verwenden.

UND DAZU...
Zu dieser Suppe passt Krebsmayonnaise: Dazu in einer Schüssel 120 g Krebsfleisch aus der Dose mit je 2 EL Mayonnaise und gehackten Kräutern vermischen. Die Krebsmayonnaise mit Salz und Pfeffer würzen, auf kleine Gläser verteilen und zur Suppe reichen.

Garnelensuppe mit Kurkuma

FÜR 6 PORTIONEN

2 Schalotten
2 Knoblauchzehen
2 EL Olivenöl
300 g geschälte Garnelen
1 EL Kurkuma
10 g Rohrohrzucker
1 l Wasser

2 Würfel Gemüsebrühe
250 g Sahne
100 g Basmati-Reis
1 EL gehackte Korianderblätter
Salz, Pfeffer aus der Mühle

- Die Schalotten und den Knoblauch schälen und fein hacken.
- Das Öl in einem Topf erhitzen. Die Garnelen, die Kurkuma, den Zucker, die Schalotten und den Knoblauch darin bei mittlerer Hitze etwa 5 Min. braten.
- Die Mischung leicht mit Salz und Pfeffer würzen. Das Wasser, die Brühwürfel und die Sahne hinzufügen.
- Die Suppe aufkochen, umrühren und bei geringer Hitze etwa 20 Min. köcheln lassen. Nach etwa 10 Min. Kochzeit den Reis dazugeben.
- Die Garnelensuppe abschmecken, mit Koriander bestreuen und servieren.

SOPHIES TIPP
Anstelle von Garnelen können Sie auch Hühnerfleisch verwenden.

UND DAZU...
Verfeinern Sie die Suppe mit 1 gewürfelten gelben Paprikaschote.

Spargelcremesuppe

FÜR 6 PORTIONEN

4 Perlzwiebeln
500 g grüner Spargel
1 EL Olivenöl
1 l Wasser

2 Würfel Gemüsebrühe
250 g Sahne
Salz, Pfeffer aus der Mühle

- Die Zwiebeln schälen und fein hacken.
- Die Spargelstangen von den holzigen Enden befreien und kleinschneiden.
- Das Öl in einem Topf erhitzen. Die Zwiebeln und den Spargel darin bei mittlerer Hitze etwa 5 Min. braten.
- Die Mischung leicht mit Salz und Pfeffer würzen. Das Wasser, die Brühwürfel und die Sahne hinzufügen.
- Die Suppe aufkochen, umrühren und bei geringer Hitze etwa 20 Min. köcheln lassen.
- Die Spargelcremesuppe im Mixer 30 Sek. pürieren, dann abschmecken und servieren.

SOPHIES TIPP
Grüner Spargel muss nicht geschält werden – wie praktisch!

UND DAZU...
Ideale Begleiter zur Spargelcremesuppe sind Ziegenkäsebällchen: Dazu 100 g Ziegenfrischkäse in einer Schüssel mit einer Gabel zerdrücken und mit 2 EL Schnittlauchröllchen vermischen. Die Creme mit Salz und Pfeffer würzen. Mit einem Julienne-Schäler 2 Spargelstangen in feine Streifen schneiden. Die Käsecreme mit Hilfe von zwei Teelöffeln zu Bällchen formen und mit einigen Spargelstreifen und etwas Olivenöl in die Suppe geben.

Gemüsesuppe

FÜR 6 PORTIONEN

3 festkochende Kartoffeln
4 Karotten
2 Zucchini
1 1/4 l Wasser
2 Würfel Gemüsebrühe

2 EL gehackte Kräuter
(Petersilie, Schnittlauch…)
Salz
Pfeffer aus der Mühle

- Die Kartoffeln und die Karotten schälen.
- Sämtliches Gemüse mit einem Julienne-Schäler in feine Streifen schneiden oder mit einer Reibe kleinraspeln und in einen Topf geben.
- Die Mischung leicht mit Salz und Pfeffer würzen. Das Wasser, die Brühwürfel und die Kräuter hinzufügen.
- Die Suppe aufkochen, umrühren und bei geringer Hitze etwa 10 Min. köcheln lassen.
- Die Gemüsesuppe abschmecken und servieren.

SOPHIES TIPP
Natürlich können Sie diese Suppe auch mit Ihrem Lieblingsgemüse zubereiten.

UND DAZU…
Verfeinern Sie die Suppe mit Croûtons, geriebenem Käse und Schinkenwürfeln.

Karottencremesuppe mit Kurkuma

FÜR 6 PORTIONEN

500 g Karotten
1 l Wasser
2 Würfel Gemüsebrühe
250 g Sahne
1 EL Kurkuma
Salz, Pfeffer aus der Mühle

· Die Karotten schälen und in Scheiben schneiden.
· Die Karottenscheiben, das Wasser, die Brühwürfel, die Sahne und die Kurkuma in einen Topf geben.
· Die Mischung leicht mit Salz und Pfeffer würzen.
· Die Suppe aufkochen, umrühren und bei geringer Hitze etwa 25 Min. köcheln lassen.
· Die Karottencremesuppe im Mixer 30 Sek. pürieren, dann abschmecken und servieren.

APROPOS
Kurkuma ist ein Hauptbestandteil des Currys. Bevor es chemische Farbstoffe gab, wurde Kurkuma verwendet, um die Kutten buddhistischer Mönche orangegelb zu färben. Kurkuma besitzt keinen ausgeprägten Eigengeschmack, verleiht Ihren Speisen aber eine schöne Farbe.

UND DAZU...
Bestreuen Sie die Suppe mit 20 g Sesamkörnern: Dazu den Sesam in einer beschichteten Pfanne ohne Fett bei mittlerer Hitze 30 Sek. rösten.

Erdbeerkaltschale mit Basilikum

FÜR 6 PORTIONEN

150 ml Wasser
150 g feiner Kristallzucker
750 g Erdbeeren
2 Tomaten
15 Basilikumblätter

- Das Wasser und den Zucker in einem Topf zum Kochen bringen und 30 Sek. zu Sirup einkochen. Den Topf vom Feuer nehmen.
- Die Erdbeeren waschen und entstielen.
- Die Tomaten vierteln.
- Die Erdbeeren, die Tomatenviertel, das Basilikum und den Sirup in den Mixer geben und 30 Sek. pürieren.
- Die Erdbeerkaltschale vor dem Servieren mind. 2 Std. in den Kühlschrank stellen.

SOPHIES TIPPS
Sie können das Basilikum durch Minze und die Erdbeeren zur Hälfte durch Himbeeren ersetzen.

UND DAZU...
Servieren Sie jede Portion Erdbeerkaltschale mit 1 Kugel Zitronensorbet.

Kirschkaltschale mit Rotwein

FÜR 6 PORTIONEN

500 g entsteinte Kirschen
150 g feiner Kristallzucker
500 ml Rotwein

1 Zimtstange
2 EL Marsala*

- Alle Zutaten in einem Topf aufkochen und bei geringer Hitze etwa 20 Min. köcheln lassen.
- Die Kirschkaltschale abkühlen lassen und vor dem Servieren mind. 2 Std. in den Kühlschrank stellen.

SOPHIES TIPP
Sie können die Kirschen auch durch Zwetschgen ersetzen.

UND DAZU...
Servieren Sie die Kirschkaltschale mit gerösteter Brioche: Dazu 6 Scheiben Brioche rösten, mit Butter bestreichen und mit Zimt und Kakaopulver bestäuben.*

Rhabarber-Himbeer-Kaltschale

FÜR 6 PORTIONEN

2 Rhabarberstangen
250 ml Wasser
100 g feiner Kristallzucker
Saft von 1 Zitrone
1 EL Ahornsirup

1 Vanilleschote, aufgeschlitzt
10 Eisenkrautblätter
10 Minzeblätter
500 g Himbeeren
150 ml Champagner

- Den Rhabarber schälen und in etwa 2 cm lange Stücke schneiden.
- Das Wasser, den Zucker und den Zitronensaft in einem Topf 30 Sek. aufkochen, dann vom Feuer nehmen.
- Den Sirup, die Vanilleschote, die fein geschnittenen Eisenkraut- und Minzeblätter sowie den Rhabarber hinzufügen.
- Die Mischung bei Zimmertemperatur vollständig abkühlen lassen und mind. 2 Std. in den Kühlschrank stellen.
- Die Flüssigkeit auf 6 große Gläser verteilen. Die Himbeeren und den Champagner dazugeben und die Rhabarber-Himbeer-Kaltschale gut gekühlt servieren.

SOPHIES TIPP

Anstelle des Eisenkrauts können Sie auch ausschließlich Minzeblätter verwenden. Ich genieße diese Kaltschale häufig im Restaurant meines Freundes Jérôme Héraud in Vence. Von ihm stammt auch das wunderschöne Glas.

SOMMER

Karottencremesuppe mit Orange

FÜR 6 PORTIONEN

1 Zwiebel
500 g Karotten
Saft und abgeriebene Schale von
1 unbehandelten Orange
1 l Wasser

2 Würfel Gemüsebrühe
250 g Sahne
2 EL gehackte Korianderblätter
Salz
Pfeffer aus der Mühle

- Die Zwiebel und die Karotten schälen und würfeln.
- Die Zwiebel- und die Karottenwürfel, den Orangensaft, die Orangenschale, das Wasser, die Brühwürfel und die Sahne in einen Topf geben.
- Die Mischung leicht mit Salz und Pfeffer würzen.
- Die Suppe aufkochen, umrühren und bei geringer Hitze etwa 30 Min. köcheln lassen.
- Die Karottencremesuppe mit dem Koriander in den Mixer geben und 30 Sek. pürieren, dann abschmecken und vor dem Servieren mind. 2 Std. in den Kühlschrank stellen.

SOPHIES TIPP
Ersetzen Sie die Karotten durch Kürbisfruchtfleisch.

UND DAZU...
Servieren Sie Karottensalat zu dieser Suppe: Dazu 3 Karotten schälen, fein reiben und mit dem Saft von 1 Orange beträufeln. Den Salat mit 1 EL Honig, ½ TL Zimt und 1 EL Orangenwasser vermischen und mit 50 g gerösteten Mandelstiften bestreuen.

Krebscremesuppe mit Pastis*

FÜR 6 PORTIONEN

1 Karotte
1 Zwiebel
1 Knoblauchzehe
2 EL Olivenöl
1 EL Tomatenmark
100 ml trockener Weißwein
2 EL Pastis*

900 ml Wasser
250 g Sahne
2 TL Fischfond
500 g Krebsfleisch aus der Dose
Salz
Pfeffer aus der Mühle

- Die Karotte, die Zwiebel und den Knoblauch schälen und würfeln.
- Das Öl in einem Topf erhitzen. Das Gemüse und das Tomatenmark darin bei mittlerer Hitze etwa 5 Min. braten.
- Die Mischung leicht mit Salz und Pfeffer würzen. Den Wein, den Pastis, das Wasser, die Sahne und den Fond dazugeben.
- Die Suppe aufkochen, umrühren und bei geringer Hitze etwa 25 Min. köcheln lassen.
- Die Cremesuppe mit dem Krebsfleisch in den Mixer geben und 30 Sek. pürieren, dann abschmecken und servieren.

SOPHIES TIPP
Anstelle von Krebsfleisch können Sie auch Garnelen oder Surimi (Krebsfleischimitat aus dem Asialaden) verwenden.

UND DAZU...
Verfeinern Sie die Suppe mit Kirschtomaten und Avocadostücken.

Gurkensuppe mit Walnüssen

FÜR 6 PORTIONEN

1 Salatgurke
1 Fenchelknolle
1 Knoblauchzehe, geschält
2 EL gehackter Dill
500 g Joghurt
4 EL gehackte Walnusskerne
2 EL Olivenöl
Salz, Pfeffer aus der Mühle

- Die Gurke schälen, entkernen und kleinschneiden.
- Den Fenchel würfeln.
- Sämtliche Zutaten in den Mixer geben, mit Salz und Pfeffer würzen und 30 Sek. pürieren.
- Die Gurkensuppe abschmecken und vor dem Servieren mind. 2 Std. in den Kühlschrank stellen.

SOPHIES TIPP
Ersetzen Sie den Fenchel durch 300 g Radieschen.

UND DAZU...
Bestreuen Sie die Suppe mit einer Mischung aus 100 g gewürfelter Salatgurke, 2 EL gehacktem Dill und 2 kleingeschnittenen Scheiben Räucherlachs.

Fischsuppe mit Porree und Sellerie

FÜR 6 PORTIONEN

1 mittelgroße Zwiebel
$^{1}/_{2}$ Stange Sellerie
$^{1}/_{2}$ Porreestange
400 g Seezungenfilet
1 EL Olivenöl
750 ml Wasser
1 TL Fischfond
500 ml Weißwein
100 g Muschelfleisch
3 EL Crème fraîche
2 EL gehackter Kerbel
Salz, Pfeffer aus der Mühle

- Die Zwiebel, den Sellerie und den Porree schälen und in dünne Scheiben schneiden.
- Den Fisch in kleine Stücke schneiden.
- Das Öl in einem Topf erhitzen. Die Zwiebel, den Sellerie und den Porree darin bei mittlerer Hitze etwa 5 Min. braten.
- Das Wasser, den Fond, den Wein und den Fisch hinzufügen.
- Die Mischung leicht mit Salz und Pfeffer würzen, dann aufkochen, umrühren und bei geringer Hitze etwa 10 Min. köcheln lassen.
- Die Suppe abschmecken und die Muscheln sowie die Crème fraîche dazugeben.
- Die Fischsuppe weitere 3 Min. köcheln lassen, dann mit dem Kerbel bestreuen und servieren.

SOPHIES TIPP
Anstelle des Weißweins können Sie Cidre verwenden.

UND DAZU...
Zu dieser Suppe passen in Safran gebratene Scampi.

Paella-Suppe

FÜR 6 PORTIONEN

1 Zwiebel
2 Knoblauchzehen
1 rote Paprikaschote
1 EL Olivenöl
200 g Erbsen
2 EL Tomatenmark
1 TL Safran
1¼ l Wasser

3 Würfel Gemüsebrühe
100 g Reis
10 geschälte Garnelen
10 dünne Scheiben Chorizo*
Salz
Pfeffer aus der Mühle

- Die Zwiebel und den Knoblauch schälen und fein hacken.
- Die Paprikaschote mit einem Tomatenschneider häuten und dann würfeln.
- Das Öl in einem Topf erhitzen. Die Erbsen, das Tomatenmark, den Safran, die Zwiebel, den Knoblauch und die Paprikawürfel darin bei geringer Hitze etwa 5 Min. braten.
- Die Mischung leicht mit Salz und Pfeffer würzen. Das Wasser und die Brühwürfel hinzufügen.
- Die Suppe aufkochen, umrühren und bei geringer Hitze etwa 20 Min. köcheln lassen. Nach etwa 10 Min. Kochzeit den Reis, die Garnelen und die Wurstscheiben hinzufügen.
- Die Paella-Suppe abschmecken und servieren.

SOPHIES TIPP
Auch wieder aufgewärmt schmeckt diese Suppe vorzüglich.

UND DAZU...
Reichern Sie die Paella-Suppe mit einigen Muscheln und gebratenem Hühnerfleisch an.

Gelbe-Paprika-Suppe

FÜR 6 PORTIONEN

1 Zwiebel
500 g gelbe Paprikaschoten
1 EL Olivenöl
1 $\frac{1}{4}$ l Wasser
2 Würfel Gemüsebrühe
100 g Mascarpone
1 EL Balsamico-Essig
Salz, Pfeffer aus der Mühle

- Die Zwiebel schälen und fein hacken.
- Die Paprikaschote mit einem Tomatenschäler häuten und dann kleinschneiden.
- Das Öl in einem Topf erhitzen. Die Zwiebel- und die Paprikawürfel darin bei mittlerer Hitze etwa 5 Min. braten.
- Die Mischung leicht mit Salz und Pfeffer würzen. Das Wasser und die Brühwürfel hinzufügen.
- Die Suppe aufkochen, umrühren und bei geringer Hitze etwa 20 Min. köcheln lassen.
- Die Gelbe-Paprika-Suppe mit dem Mascarpone und dem Essig in den Mixer geben und 30 Sek. pürieren, dann abschmecken und servieren.

SOPHIES TIPP
Anstelle der Paprikaschoten können Sie Zucchini oder Tomaten verwenden.

UND DAZU...
Verfeinern Sie die Suppe mit gehobeltem Parmesan und 1 Spritzer Balsamico-Sirup: Dazu etwas Balsamico-Essig in einem Topf bei geringer Hitze einkochen, bis er eine sirupartige Konsistenz hat.

Selleriesuppe mit Äpfeln

FÜR 6 PORTIONEN

400 g Knollensellerie
2 grüne Äpfel
20 g Butter
1 $\frac{1}{4}$ l Wasser
2 Würfel Hühnerbrühe
20 g Haselnüsse
2 EL Trüffelöl (nach Belieben)
Salz, Pfeffer aus der Mühle

- Den Sellerie und die Äpfel schälen und kleinschneiden.
- Die Butter in einem Topf zerlassen. Die Sellerie- und die Apfelstücke darin bei starker Hitze etwa 5 Min. braten.
- Die Mischung leicht mit Salz und Pfeffer würzen. Das Wasser, die Brühwürfel und die Nüsse hinzufügen.
- Die Suppe aufkochen, umrühren und bei geringer Hitze etwa 25 Min. köcheln lassen.
- Die Selleriesuppe nach Belieben mit dem Trüffelöl vermischen und im Mixer 30 Sek. pürieren, dann abschmecken und servieren.

APROPOS
Als Knollensellerie bezeichnet man den unterirdischen Teil der Selleriepflanze, der oberirdische Abschnitt wird Staudensellerie genannt. Knollensellerie schmeckt milder als Staudensellerie.

UND DAZU...
Bestreuen Sie die Suppe mit 20 g gehackten Haselnüssen und 1 Hobel schwarzem Trüffel.

Pistou*-Suppe

1 mittelgroße Zwiebel
2 Knoblauchzehen
1 Karotte mit Grün
1 Zucchini
1 EL Olivenöl
1 EL Balsamico-Essig
100 g Erbsen
10 Kirschtomaten, geviertelt

1 ½ l Wasser
3 Würfel Gemüsebrühe
100 g Muschelnudeln
50 g weiße Bohnen aus der Dose
Salz
Pfeffer aus der Mühle

- Die Zwiebel und den Knoblauch schälen und fein hacken.
- Die Karotte putzen und mit dem Grün kleinschneiden, die Zucchini würfeln.
- Das Öl und den Essig in einem Topf erhitzen. Das klein-geschnittene Gemüse und die Erbsen darin bei mittlerer Hitze etwa 5 Min. braten.
- Die Mischung leicht mit Salz und Pfeffer würzen. Das Wasser und die Brühwürfel hinzufügen.
- Die Suppe aufkochen, umrühren und bei geringer Hitze etwa 20 Min. köcheln. Nach etwa 10 Min. Kochzeit die Nudeln und die Bohnen dazugeben.
- Die Pistou-Suppe abschmecken und servieren.

SOPHIES TIPP
Ersetzen Sie die weißen Bohnen durch kleingeschnittene grüne Bohnen.

UND DAZU…
Servieren Sie ein Pesto zu dieser Suppe: Dazu 2 Bd. Basilikum, 3 Knoblauchzehen, 80 g geriebenen Parmesan, 100 g Pinienkerne und 250 ml Olivenöl in den Mixer geben und pürieren. Das Pesto mit Salz und Pfeffer würzen und je 1 TL davon in jede Portion Suppe geben.

Garnelen-Mango-Suppe

FÜR 6 PORTIONEN

2 Schalotten
1 EL Olivenöl
400 g geschälte Garnelen
3 EL Cognac
50 g gegrillte Paprika aus dem Glas
100 g Mangofruchtfleisch, gewürfelt

1 TL Tomatenmark
750 ml Wasser
250 g Sahne
2 TL Fischfondpulver
Salz
Pfeffer aus der Mühle

· Die Schalotten schälen und fein hacken.
· Das Öl in einem Topf erhitzen. Die Garnelen und die
  Schalotten darin bei mittlerer Hitze etwa 5 Min. braten,
  dann mit dem Cognac flambieren.
· Die Paprika, die Mango, das Tomatenmark, das Wasser,
  die Sahne und den Fond dazugeben.
· Die Mischung leicht mit Salz und Pfeffer würzen.
· Die Suppe aufkochen, umrühren und bei geringer Hitze
  etwa 20 Min. köcheln lassen.
· Die Garnelen-Mango-Suppe im Mixer 30 Sek. pürieren,
  dann abschmecken und servieren.

SOPHIES TIPP
Anstelle von gegrillter Paprika können Sie auch in Öl eingelegte Tomaten verwenden.

UND DAZU...
Verfeinern Sie die Suppe mit 2 gewürfelten Tomaten.

Tomaten-Pinienkern-Gazpacho

FÜR 6 PORTIONEN

3 Strauchtomaten
1 Knoblauchzehe
100 g Pinienkerne
100 g Toastbrot ohne Kruste
3 EL Balsamico-Essig
180 ml Olivenöl
250 ml Wasser
Salz, Pfeffer aus der Mühle

· Die Tomaten waschen und vierteln.
· Den Knoblauch schälen.
· Alle Zutaten mit Ausnahme des Wassers in den Mixer geben, mit Salz und Pfeffer würzen und 30 Sek. pürieren.
· Das Püree mind. 2 Std. in den Kühlschrank stellen.
· Kurz vor dem Servieren das Wasser hinzufügen und die Mischung 30 Sek. pürieren.
· Den Tomaten-Pinienkern-Gazpacho abschmecken und servieren.

SOPHIES TIPP
Die Suppe schmeckt auch mit Mandeln anstelle der Pinienkerne köstlich.

UND DAZU...
Bestreichen Sie 6 Scheiben geröstetes Toastbrot mit 3 EL Basilikumpesto, garnieren Sie sie mit Zucchiniwürfeln und reichen Sie sie zum Gazpacho.

Gazpacho-Trio: Rot

FÜR 6 PORTIONEN

4 Tomaten
1 kleine weiße Zwiebel
1 Salatgurke
100 g Toastbrot ohne Kruste
5 EL Olivenöl
1 EL Balsamico-Essig
300 ml Tomatensaft
Salz, Pfeffer aus der Mühle

- Die Tomaten waschen und vierteln.
- Die Zwiebel schälen und halbieren.
- Die Gurke schälen und kleinschneiden.
- Alle Zutaten mit Ausnahme des Tomatensafts in einen Mixer geben, mit Salz und Pfeffer würzen und 30 Sek. pürieren.
- Das Püree mind. 2 Std. in den Kühlschrank stellen.
- Die Suppe kurz vor dem Servieren mit dem Tomatensaft vermischen und 30 Sek. pürieren.
- Den Gazpacho abschmecken und gut gekühlt servieren.

SOPHIES TIPP
Wenn Sie den Gazpacho etwas cremiger mögen, geben Sie nach dem Kühlen 1 EL Mayonnaise in den Mixer.

Gazpacho-Trio: Grün

FÜR 6 PORTIONEN

1 Fenchelknolle
1 Zucchini
1 l Wasser
2 Würfel Gemüsebrühe
250 g Sahne
2 EL Olivenöl
1 TL Curry
Salz, Pfeffer aus der Mühle

- Den Fenchel und die Zucchini kleinschneiden.
- Das Gemüse, das Wasser, die Brühwürfel und die Sahne in einen Topf geben und leicht mit Salz und Pfeffer würzen.
- Die Mischung aufkochen, umrühren und bei geringer Hitze etwa 25 Min. köcheln lassen.
- Die Suppe, das Öl und den Curry in den Mixer geben und 30 Sek. pürieren.
- Den Gazpacho abschmecken und vor dem Servieren mind. 2 Std. in den Kühlschrank stellen.

UND DAZU...

Servieren Sie den Gazpacho mit Pizzabrot: Dazu 1 Platte backfertigen Pizzateig möglichst dünn ausrollen, in Rechtecke schneiden und im vorgeheizten Backofen bei 200 °C (Umluft 180 °C) etwa 15 Min. goldbraun backen.

Gazpacho-Trio: Weiß

FÜR 6 PORTIONEN

500 ml Wasser
150 ml Olivenöl
100 ml Milch
200 g geschälte Mandeln
2 Knoblauchzehen, geschält
100 g Toastbrot ohne Kruste
Salz, Pfeffer aus der Mühle

- Das Wasser mit dem Öl und der Milch in einem Topf erhitzen.
- Die Flüssigkeit mit den übrigen Zutaten in den Mixer geben, mit Salz und Pfeffer würzen und 30 Sek. pürieren.
- Den Gazpacho abschmecken und vor dem Servieren mind. 2 Std. in den Kühlschrank stellen.

SOPHIES TIPP
Diese Suppe schmeckt auch mit Brioche* anstelle von Toastbrot vorzüglich.

Muschelcremesuppe

FÜR 6 PORTIONEN

4 Schalotten
750 ml trockener Weißwein
3 kg gesäuberte Miesmuscheln
750 ml Wasser
2 TL Fischfondpulver

1 TL Tomatenmark
1 EL Speisestärke
250 g Sahne
¹/₄ TL gemahlener Safran
Pfeffer aus der Mühle

- Die Schalotten schälen und fein hacken.
- Den Wein und die Schalotten in einem Topf aufkochen, die Muscheln hinzufügen und mit Pfeffer würzen.
- Die Muscheln bei starker Hitze und geschlossenem Deckel etwa 5 Min. kochen, bis sie sich geöffnet haben, dann abtropfen lassen und den Sud auffangen.
- Das Muschelfleisch aus den Schalen lösen und 200 g davon zum Garnieren beiseitestellen.
- Den Muschelsud durch ein feines Sieb in einen Topf gießen. Das Wasser und den Fond hinzufügen und das Ganze bei starker Hitze auf die Hälfte einkochen.
- Das Tomatenmark und die Speisestärke unterrühren und die Mischung bei geringer Hitze etwa 5 Min. köcheln lassen.
- Die Sahne und den Safran dazugeben und die Suppe bei geringer Hitze weitere 5 Min. köcheln lassen.
- Die Suppe mit dem Muschelfleisch vermischen und im Mixer 30 Sek. pürieren.
- Die Muschelcremesuppe abschmecken, auf 6 Suppenteller verteilen und mit den beiseitegestellten Muscheln garniert servieren.

SOPHIES TIPPS
Anstelle des Safrans können Sie 1 TL gemahlene Kurkuma oder Curry verwenden.
Salz ist bei dieser Suppe tabu!

UND DAZU...
Servieren Sie zu dieser Suppe knusprige Pommes frites.

Ratatouillecremesuppe

FÜR 6 PORTIONEN

2 kg Ratatouille aus dem Glas
(Naturkostladen)
200 ml Oliven- oder Sonnenblumenöl
3 EL Kräuter der Provence
750 ml Wasser

2 Würfel Gemüsebrühe
500 ml Milch
Salz
Pfeffer aus der Mühle

· Das Ratatouille in eine Auflaufform geben, mit dem Öl
  beträufeln, mit den Kräutern bestreuen und mit Salz und
  Pfeffer würzen.
· Die Mischung im vorgeheizten Backofen bei 160 °C (Umluft
  140 °C) etwa 2 ½ Std. backen, dabei gelegentlich umrühren.
· Das Wasser, die Brühwürfel und die Milch in einen Topf
  geben und erhitzen.
· Das gebackene Gemüse und die Bouillon in den Mixer
  geben, gut vermischen und 30 Sek. pürieren.
· Die Ratatouillecremesuppe abschmecken und servieren.

SOPHIES TIPPS
*Wenn Sie das Ratatouille selbst zubereiten, fügen Sie 1 Dose Tomatenmark hinzu. Anstelle der
Kräuter der Provence können Sie andere, ohne Bedenken auch tiefgekühlte Kräuter verwenden.*

UND DAZU...
Bestreichen Sie mehrere Schreiben Toastbrot mit 100 g schwarzer oder grüner Tapenade und servieren
Sie diese in ausgehöhlten Paprikahälften zur Suppe.*

Tomatencremesuppe mit Basilikum

FÜR 6 PORTIONEN

1 Zwiebel
1 kg Tomaten oder 2 Dosen geschälte
Tomaten à 850 ml
1 EL Olivenöl
1 l Wasser

2 Würfel Gemüsebrühe
250 g Sahne
20 Basilikumblätter
Salz, Pfeffer aus der Mühle

- Die Zwiebel schälen und fein hacken.
- Die Tomaten vierteln.
- Das Öl in einem Topf erhitzen. Die Zwiebel und die Tomaten darin bei mittlerer Hitze etwa 5 Min. braten.
- Die Mischung leicht mit Salz und Pfeffer würzen. Das Wasser, die Brühwürfel und die Sahne dazugeben.
- Die Suppe aufkochen, umrühren und bei geringer Hitze etwa 20 Min. köcheln lassen.
- Die Tomatencremesuppe mit dem Basilikum in den Mixer geben und 30 Sek. pürieren, dann abschmecken und servieren.

SOPHIES TIPP
Verleihen Sie der Suppe mit 1 EL Tomatenmark einen noch vollmundigeren Geschmack.

UND DAZU...
Bestreichen Sie mehrere Scheiben Toastbrot mit einer Creme aus 100 g Mascarpone und 2 EL Tapenade* und servieren Sie sie zur Suppe.

Zucchinicremesuppe mit Lachs

FÜR 6 PORTIONEN

2 Schalotten
250 g Fenchel
250 g Zucchini
1 EL Olivenöl
Saft und abgeriebene Schale von
1 unbehandelten Zitrone

2 EL gehackter Dill
1 l Wasser
2 Würfel Gemüsebrühe
250 g Sahne
100 g Räucherlachs
Salz, Pfeffer aus der Mühle

· Die Schalotten schälen und fein hacken.
· Den Fenchel und die Zucchini kleinschneiden.
· Das Öl in einem Topf erhitzen. Den Zitronensaft, die Zitronenschale, den Dill, die Schalotten, den Fenchel und die Zucchini darin bei mittlerer Hitze etwa 5 Min. braten.
· Die Mischung leicht mit Salz und Pfeffer würzen. Das Wasser, die Brühwürfel und die Sahne hinzufügen.
· Die Suppe aufkochen, umrühren und bei geringer Hitze etwa 25 Min. köcheln lassen.
· Die Zucchinicremesuppe mit dem Lachs in den Mixer geben und 30 Sek. pürieren, dann abschmecken und servieren.

SOPHIES TIPP
Anstelle von Fenchel können Sie Blumenkohl verwenden.

UND DAZU...
Servieren Sie zu dieser Suppe Räucherlachs-Toasts mit Zucchinihobeln, Kräutern der Saison und 1 Klecks mit Zitronensaft verrührter Crème fraîche.

Tomatensuppe mit Bananen

FÜR 6 PORTIONEN

1 mittelgroße Zwiebel
2 Bananen
1 EL Olivenöl
1 Dose geschälte Tomaten à 850 ml
1 TL Curry

1 ¹/₄ l Wasser
2 Würfel Rinderbrühe
1 EL Crème fraîche
Salz
Pfeffer aus der Mühle

- Die Zwiebel schälen und fein hacken.
- Die Bananen schälen und in Scheiben schneiden.
- Das Öl in einem Topf erhitzen und die Zwiebel darin bei mittlerer Hitze etwa 5 Min. braten.
- Die Tomaten, den Curry, das Wasser, die Brühwürfel und die Bananen hinzufügen.
- Die Mischung leicht mit Salz und Pfeffer würzen.
- Die Suppe aufkochen, umrühren und bei geringer Hitze etwa 20 Min. köcheln lassen.
- Die Tomatensuppe mit der Crème fraîche in den Mixer geben und 30 Sek. pürieren, dann abschmecken und servieren.

SOPHIES TIPP
Sie können die Bouillon zur Hälfte durch Kokosmilch ersetzen.

UND DAZU...
Servieren Sie zur Suppe Spieße mit karamellisierten Bananenscheiben und gebratenen Schweine-fleischwürfeln.

Weiße-Schokoladen-Creme

FÜR 6 PORTIONEN

200 g weiße Schokolade
300 ml Milch
300 g Sahne
50 g Kokosraspeln

· Die Schokolade in kleine Stücke brechen und in eine Schüssel geben.
· Die Milch, die Sahne und die Kokosraspeln in einem Topf erhitzen.
· Die Mischung nach und nach über die Schokolade gießen und mit einem Schneebesen zu einer glatten Creme verrühren.
· Die Creme mind. 2 Std. in den Kühlschrank stellen.
· Die Weiße-Schokoladen-Creme kurz vor dem Servieren in den Mixer geben und sämig pürieren.

SOPHIES TIPP
Sie können die Kokosraspeln durch Krokantsplitter ersetzen.

UND DAZU...
Servieren Sie die Schokoladencreme mit 1 Kugel Litschisorbet, zerbröselten Baisers und frischen Himbeeren.

Aprikosenkaltschale mit Pistazien

FÜR 6 PORTIONEN

750 g entsteinte Aprikosen
250 ml Wasser
150 g feiner Kristallzucker
1 EL Amaretto
20 g gehackte Pistazien

- Die Aprikosen kleinschneiden.
- Das Wasser, den Zucker und den Amaretto in einen Topf geben, aufkochen und 30 Sek. zu Sirup einkochen.
- Die Pistazien, die Aprikosen und den Sirup in den Mixer geben und 30 Sek. pürieren.
- Die Aprikosenkaltschale vor dem Servieren mind. 2 Std. in den Kühlschrank stellen.

SOPHIES TIPP
Anstelle von Amaretto können Sie Muskateller oder Marsala* verwenden.

UND DAZU...
Geben Sie vor dem Pürieren 3 EL Pistazieneis zu den Aprikosen und bestreuen Sie die Kaltschale mit gehackten Pistazien.

Mango-Pfirsich-Kaltschale

FÜR 6 PORTIONEN

1 Mango
4 Pfirsiche
Saft und abgeriebene Schale von 1 unbehandelten Limette
10 g geriebener frischer Ingwer
100 g Rohrohrzucker
400 ml Kokosmilch

· Die Mango und die Pfirsiche schälen und würfeln.
· Alle Zutaten mit Ausnahme der Mango in einem Topf bei mittlerer Hitze etwa 10 Min. köcheln lassen.
· Die Mischung abkühlen lassen und die Mango hinzufügen.
· Die Mango-Pfirsich-Kaltschale vor dem Servieren mind. 2 Std. in den Kühlschrank stellen.

SOPHIES TIPP
Sie können die Mango auch durch Ananas ersetzen.

UND DAZU...
Geben Sie 1 Kugel Kokos-Eis zwischen 2 Galettes*: Dieses »Eis-Sandwich« passt perfekt zur Mango-Pfirsich-Kaltschale.

Melonenkaltschale mit Tomate

2 kleine Zuckermelonen (z. B. Charentais)
1 Tomate
1 kleine weiße Zwiebel
10 Minzeblätter
Saft von ½ Zitrone
2 EL Balsamico-Essig

3 EL Olivenöl
1 TL Piment d'Espelette* oder
Cayennepfeffer
Salz
Pfeffer aus der Mühle

· Die Melonen halbieren, entkernen und das Fruchtfleisch
  herauslösen.
· Die Tomate waschen und vierteln.
· Die Zwiebel schälen und halbieren.
· Alle Zutaten in den Mixer geben, mit Salz und Pfeffer
  würzen und 30 Sek. pürieren.
· Die Melonenkaltschale abschmecken und vor dem
  Servieren mind. 2 Std. in den Kühlschrank stellen.

SOPHIES TIPP
Anstelle der Zuckermelonen können Sie auch 1 Wassermelone verwenden.

UND DAZU…
*Vor dem Servieren 3 kleine Zuckermelonen halbieren und entkernen. Den gewölbten Boden jeder
Melonenhälfte vorsichtig abschneiden und diese auf die Suppenteller platzieren. Die Suppe auf 6
Glasschälchen verteilen und die Schälchen in das ausgehöhlte Zentrum der Melonenhälften stellen.
Die Melonen mit 2 EL gehackten Pistazien bestreuen, mit Fleur de Sel* würzen und mit etwas
Olivenöl beträufeln. Jede Portion mit 1 Minzeblatt und 1 Kugel Melonenfruchtfleisch garnieren.*

Rezeptregister

Äpfel

Knoblauchblüten

Tomaten

Fenchelstängel

Zucchini

Schwarze Johannisbeeren

Himbeerstrauch

Weiße Johannisbeeren

Zutatenregister

Kleine Warenkunde

Andouille ist der Name einer französischen Kuttelwurst, die aus Schweine-, Kalbs-, Hammel- oder Pferdeinnereien hergestellt wird.

Andouillette ist eine französische Bratwurst- spezialität aus Innereien vom Schwein oder Kalb.

Bayonne ist ein gepökelter Schinken aus dem südwestfranzösischen Aquitanien.

Beaufort ist ein französischer Rohmilchkäse aus Savoyen mit einem Fettgehalt von 48–55 %.

Bresaola ist eine luftgetrocknete Bindenfleisch- spezialität aus Italien, die im Gegensatz zum Bündnerfleisch nicht gepresst wird.

Brick ist ein hauchdünner Strudelteig, der in türkischen Lebensmittelgeschäften erhältlich ist.

Brioche ist ein butterreiches, leicht gesüßtes, vermutlich normannisches Hefegebäck.

Chorba ist eine vermutlich aus Algerien stam- mende, in ganz Nordafrika verbreitete Suppe.

Chorizo ist eine kräftig mit Paprika gewürzte spanische Rohwurst aus Schweine- und / oder Rindfleisch.

Coco-Bohnen sind weiße Bohnen mit einem besonders milden Geschmack.

Comté ist ein Rohmilch-Hartkäse mit einem Fettgehalt von 45 % aus der französischen Region Franche-Comté .

Coppa ist eine italienische Spezialität aus Schweinehals oder -nacken, die gepökelt und luftgetrocknet wird.

Feta ist ein in Salzlake gereifter griechischer Sauermilchweichkäse aus Schaf- und / oder Ziegenmilch.

Flageoletbohnen sind blassgrüne Bohnen- kerne, die gerne als Salat oder zu Lamm gegessen werden.

Fleur de Sel ist ein qualitativ hochwertiges Meersalz, das per Hand abgeschöpft wird.

Foie gras ist die französische Bezeichnung für Stopfleber.

Galette ist die pikante, aus Buchweizenmehl hergestellte bretonische Form des Crêpe.

Marsala ist ein italienischer Likörwein.

Maroilles ist ein französischer Rotschmierkäse aus Kuhmilch mit einem Fettgehalt von mind. 40 %.

Mimolette ist ein milder französischer Schnitt- käse mit einem Fettgehalt von 45 %. Als Alter- native eignet sich Edamer.

Pastis ist ein französischer Anisschnaps.

Phô ist ein traditionelles vietnamesisches Ein- topfgericht, das mit verschiedenen Beilagen serviert wird.

Piment d'Espelette ist ein Chilipulver aus dem französischen Baskenland. Als Alternative eignet sich Cayennepfeffer.

Pistou ist sowohl der französische Sammel- begriff für mit Basilikum zubereitete Speisen als auch die Bezeichnung für eine dem Pesto ähnliche Basilikumwürzsauce aus der Provence.

Ravioles du Royans sind mit Comté, Frischkäse und Petersilie gefüllte Weizenmehlteigtäschchen.

Reblochon ist ein halbfester Rohmilchkäse aus den Savoyen mit einem Fettgehalt von 45–50 %.

rosa Knoblauch ist eine hochwertige Knob- lauchsorte aus Südfrankreich.

Saucisse de Morteau ist eine geräucherte Schweinewurst aus dem Westen Frankreichs.

Saucisse de Savoie ist eine luftgetrocknete Knoblauchschweinewurst aus den Savoyen.

Tapenade ist eine aus Südfrankreich stammende würzige Paste aus Oliven, Sardellen und Kapern.

Vacherin ist ein vorwiegend im französischen Jura und in der Westschweiz hergestellter Rohmilchkäse, der halbfest oder weich angeboten wird.

Viergewürzpulver ist eine französische Gewürzmischung, die zu gleichen Teilen aus Pfeffer, Zimt, Muskat und Gewürznelken besteht.

Unmöglich, dieses Buch abzuschließen, ohne den Menschen zu danken, die unmittelbar oder indirekt
an seinem Entstehen beteiligt waren:

Hervé de La Martinière, der mir seit fast zehn Jahren sein Vertrauen schenkt.

Meinen kompetenten und liebenswerten Verlegerinnen Florence und Aurélie sowie dem gesamten Minerva-Team.

Allen Buchhändlern, denen es immer wieder gelingt, meine Bücher auf dem Markt zu platzieren.

Meinen wertvollen Mitarbeiterinnen Caroline und Chloé.

Meiner Freundin Marie-Claire für ihre stets konstruktiven Vorschläge.

Philippe und Alice für ihre wunderbaren Fotos aus dem Maison de Sophie.

Und nicht zu vergessen, meiner Tochter Ambre, meiner Schwägerin Annick, meinem Ehemann Jacki,
meinen Freunden und den Gästen meines Hotels, die nicht müde werden, meine Gerichte zu probieren.

Mein Dank geht auch an die Firmen Lacanche, Smeg, KitchenAid und Gloria, mit denen ich bereits
seit vielen Jahren zusammenarbeite.

Übrigens hat Hervé Dos Santos gerade in Agde ein neues Restaurant eröffnet. Schauen Sie doch einmal vorbei,
wenn Sie zufällig in der Gegend sind: Le bistro d'Hervé, Rue de Brescou 47, 34300 Agde, Tel.: 0033-04 67 41 97 86.

Und ich danke Jérôme Héraud, dem Geschäftsführer des Hotel-Restaurants Cantemerle in Vence,
in dessen Räumen der Aufenthalt stets ein Genuss ist: www.hotelcantemerle.com.

Der herzliche Dank von Philippe Asset und Alice Asset-Guerrand geht an
Geneviève Lethu von der Agentur Pietri für die Bereitstellung des Geschirrs sowie an die
Firmen IKEA, Habitat, Le BHV, Le Bon Marché und Le Cèdre Rouge.